SOU FELIZ, ACREDITE!

Mônica Bernardes | Mauro Tertuliano

SOU FELIZ, ACREDITE!

Histórias comoventes de luta e superação

CIP-BRASIL. CATALOGAÇÃO-NA-FONTE
SINDICATO NACIONAL DOS EDITORES DE LIVROS, RJ.

B444s Bernardes, Mônica de Sá
       Sou feliz, acredite! / Mônica de Sá Bernardes e Mauro Tertuliano. – Rio de Janeiro: BestSeller, 2010.

ISBN 978-85-7684-383-2

1. Traumas psíquicos. 2. Sofrimento - Aspectos psicológicos. 3. Dor - Aspectos psicológicos, 4. Felicidade. 5. Autorrealização. I. Tertuliano, Mauro. II. Título.

09-5958   CDD: 158.1
                                 CDU: 159.947

Texto revisado segundo o novo Acordo Ortográfico da Língua Portuguesa.

Título original
SOU FELIZ, ACREDITE!
copyright © 2009 by Mônica de Sá Bernardes
e Mauro Sérgio Tertuliano dos Santos

Projeto gráfico de capa e de miolo: Mari Taboada

Todos os direitos reservados. Proibida a reprodução,
no todo ou em parte, sem autorização prévia por escrito da editora,
sejam quais forem os meios empregados.

Direitos exclusivos de publicação em língua portuguesa para o Brasil
reservados pela
EDITORA BEST SELLER LTDA.
Rua Argentina, 171, parte, São Cristóvão
Rio de Janeiro, RJ – 20921-380

Impresso no Brasil
ISBN 978-85-7684-383-2

Seja um leitor preferencial Record
Cadastre-se e receba informações sobre nossos lançamentos e nossas promoções.

Atendimento e venda direta ao leitor
mdireto@record.com.br ou (21) 2585-2002

Sumário

7 *Prefácio, por Geneton Moraes Neto*
9 *Introdução*

13 Aleksander: O desafio de manter-se vivo
41 Anselmo: uma luz na escuridão
63 Aparecida: os doentes como uma nova família
79 Cléa e João, filha desaparecida política
101 Dayse: preconceito, superação e transformação
119 Deusalina: a solidariedade como remédio para a própria dor
131 Eulina: da sarjeta para o castelo dos sonhos
151 Maria de Fátima: vigor, disposição e alegria, apesar de tudo
167 Maria do Carmo: na trajetória de uma bala, fim de um sonho e começo de nova vida
181 Solange: um "alô" com o poder de salvar vidas
201 Valéria: uma nova chance a cada despertar
217 Vera: a angústia de uma eterna procura
233 Virgínia: os milagres da "Josefina, perna fina"

251 *Reflexões sobre a essência da vida*
267 *Conclusão*

Prefácio

A CAVERNA É ESCURA. MAS HÁ UMA SAÍDA

"Todo jornalista decente é um urubu na sorte dos outros mortais. Ficamos esperando que as pessoas escorreguem numa casca de banana e batam com a cara no chão. Se tudo corre muito bem, para nós é muito mal."

O autor dessa pensata sobre a natureza dos jornalistas é Paulo Francis.

Sábias palavras.

Como personagem do zoológico jornalístico, devo confessar que as palavras de Francis retratam a mais pura e cristalina verdade. Diante de um deslize, uma derrota, um escorregão alheio, os diabinhos que habitam as florestas interiores dos jornalistas levantam-se para aplaudir, extasiados. Assim caminha a humanidade.

De vez em quando, no entanto, aparecem almas jornalísticas caridosas, como as de Mauro Tertuliano e Mônica Bernardes, para mostrar que nem sempre os escorregões alheios são o tema predileto de jornalistas.

Corajosos, Mauro e Mônica mergulharam em uma tarefa que aponta para a direção oposta. A missão (trabalhosa) dos dois: descobrir personagens que passaram por provações absurdas na vida mas não escorregaram em cascas de banana nem bateram com o rosto no chão. Pelo contrário: resolveram transformar as provações em motivação para praticar o bem.

Digo que Mauro e Mônica foram "corajosos" porque a escolha que fizeram oferecia riscos. A opção de retratar o bem poderia resultar em relatos chatos, soporíferos e entediantes, marca registrada de tantas histórias "edificantes". Todo mundo sabe que não existe nada tão chato quanto o politicamente correto.

Mas não: Mauro e Mônica relatam os casos com vivacidade. O leitor deve ser avisado de que conhecerá, aqui, não apenas o lado luminoso da vida, mas também cavernas povoadas por monstros de todo tipo. Lá estão bichos como a intolerância, a violência, a miséria, a estupidez, a doença.

É incrível imaginar que quem passou por essa caverna "na vida real" tenha encontrado força para descobrir uma saída. Mauro e Mônica, jornalistas, mostram como e por que cada um dos personagens fez a opção preferencial pela solidariedade. Não é pouco.

Citei Paulo Francis, e volto a ele: "A morte é uma piada. A vida é uma tragédia. Mas, dentro de nós, mesmo no maior desespero, há uma força que clama por coisas melhores."

Não há o que acrescentar.

GENETON MORAES NETO

Introdução

Em abril de 2000, durante uma conversa sobre nosso interesse em escrever um livro, tentamos definir qual seria o tema ideal para cumprir dois objetivos: contribuir para nossa transformação pessoal e despertar nas pessoas suas potencialidades na busca da felicidade. Afinal, acreditamos que a vocação natural do ser humano é ser feliz. E percebíamos à nossa volta – tanto nas notícias quanto na observação do cotidiano – muitas pessoas com tendência a tristeza, revolta, indignação e até depressão pela falta de justiça social e de respeito humano; mas outras que, embora afetadas por problemas semelhantes, demonstravam confiança e otimismo. Uma questão nos intrigava: por que algumas vítimas de dramas pessoais se entregavam ao desespero e chegavam ao fundo do poço, enquanto outras se mantinham erguidas, com autoestima inabalável e disposição suficiente, inclusive, para ajudar terceiros?

Decidimos, então, realizar um trabalho voltado à análise do comportamento de pessoas que passaram por experiências de grande sofrimento e angústia, mas que transformaram a dor em bandeira de luta. Personagens que não só venceram obstáculos, como também se tornaram exemplos de superação para outras pessoas – exercendo influência muitas vezes decisiva para a melhoria da qualidade de vida de quem, até então, não tinha forças para se reerguer. Outra resolução: fazer um trabalho jornalístico, mas que, ao mesmo tempo, abrisse espaço para a emoção.

O primeiro passo: encontrar pessoas que se enquadrassem nesse perfil de sofrimento e superação. Conforme avançávamos nessa tarefa, constatávamos que todos os entrevistados – selecionados com base em comoventes histórias de vida – tinham um ponto convergente: a valorização da solidariedade. A ajuda que eles prestavam à sociedade, por meio de palestras ou trabalhos institucionais, representava também um estímulo para o próprio equilíbrio. Ou seja, com isso havíamos chegado ao tema de nosso livro: AJUDA MÚTUA, um termo que cunhamos para designar a reciprocidade do bem proporcionado por voluntários a terceiros e a si mesmos, num efeito bumerangue.

O passo seguinte era encontrar uma explicação – fosse à luz da ciência, fosse da religião, não importava a fonte – para entendermos quais mecanismos levam alguém a externar tanta força de viver, mesmo em circunstâncias desfavoráveis de debilidade física e emocional. Consultamos especialistas de diversas áreas e expusemos os tipos de personagens que dão vida a este livro: a mãe que perde um filho por doença incurável; outra cuja filha é vítima da violência urbana; o homem que passou a adolescência inteira em um campo de concentração, mas sobreviveu ao Holocausto; a mulher sem braços nem pernas que tem bom humor e espírito de liderança; a ex-mendiga que se tornou "princesa"; o padre cego que vê luz na escuridão; a paralítica desacreditada pela própria mãe, mas ciente de seu potencial; a mulher incansável em busca da filha desaparecida; a voluntária que, rejeitada na infância, evita o suicídio dos desesperados; a enfermeira que abdicou da própria família para cuidar das vítimas da moléstia do fogo selvagem; a mulher que perdeu a filha e o genro, torturados, nos porões da ditadura militar; a portadora do vírus HIV que desistiu do suicídio e sobrevive à doença há quase vinte anos; e a mulher pobre que desde cedo aprendeu a conjugar o verbo repartir.

Chegamos a uma conclusão socrática: não existe uma resposta definitiva que esclareça o poder de conservar a vivacidade numa situação limítrofe. Há quem defenda que a vocação para a felicidade ou a tristeza tem origem genética. Outros apontam a espiritualidade como mola propulsora das mudanças de postura. E ainda há quem aposte meramente na condição humana diretamente relacionada à vontade, a partir da formação educacional e social.

As três vertentes têm argumentos tão bem-embasados que seria uma temeridade optar por uma delas. Percebemos que, na verdade, uma não exclui a outra. O ser humano detém em si todos os códigos necessários para sua transformação e a prerrogativa (pessoal e intransferível) de acioná-los reflete a bagagem emocional, espiritual, psíquica e genética de cada indivíduo. Tudo ao mesmo tempo.

Curiosamente, apesar das diferentes opiniões sobre a mola mestra do bem-estar pessoal, todos os analistas convergem para uma mesma certeza: a solidariedade faz bem à saúde de quem a pratica. A caridade enobrece, já que as pessoas só podem dar o que têm. A típica lei de ação e reação. Ao oferecerem ajuda, os voluntários enviam inconscientemente ao cérebro uma mensagem que diz: "eu tenho", "eu possuo", "eu posso"... Por exemplo, só oferece uma palavra de conforto quem já se sente equilibrado; só faz uma doação material quem tem posses – ainda que escassas; só dedica um sorriso a alguém quem tem alegria interior. Por mais que sofra, a pessoa, ao se doar, convence a si mesma da capacidade de transcender as próprias expectativas.

O contato com os personagens deste livro trouxe para nós mesmos um valioso benefício: uma visão mais lúcida na análise do comportamento humano. Somos sempre maiores do que nossos problemas. E, para seguirmos em frente com ânimo e desprendimento, basta termos a capacidade de perceber isso. E sensibilidade para filtrar aquilo que realmente vale a pena na vida.

Mas, afinal, o que vale a pena na vida? Ao longo das entrevistas, a resposta foi sempre a mesma: ser feliz! Tal felicidade pode expressar-se a partir de diversos valores: amor, amizade, tranquilidade, família, motivação, dinheiro, solidariedade, saúde, fraternidade, boa comida, lazer, paixão e uma infinidade de caminhos para se chegar ao bem-estar e à realização.

Acreditamos que todos têm mecanismos próprios para alcançar conforto e satisfação. Cada vez que um problema surge, provocando angústia e desestímulo, é possível recorrer àquilo que cada um define como imprescindível à sua felicidade. Como veremos adiante, num dos capítulos desta obra, uma ótima estratégia é fazer uma lista das coisas boas e outra das ruins que existem na vida. E observar qual é a maior: acredite, a primeira sempre é mais extensa.

"A felicidade é o único bem que, quando dividido, se multiplica."

Os autores

Aleksander: o desafio de manter-se vivo

"Daqui só se sai pela chaminé."
Sempre que Aleksander Henryk Laks entra num auditório, disposto a recordar um dos episódios mais bárbaros da história da humanidade, a plateia emudece. É um silêncio respeitoso, misto de curiosidade, perplexidade e indignação. Ali, diante do público, está uma personagem emblemática – testemunha e vítima de uma saga de horror, intolerância e estupidez humana: o Holocausto.

Ele é um sobrevivente que acredita ter sido "eleito" para transmitir ao mundo lembranças de fatos que nunca devem ser esquecidos. Presidente da Associação Brasileira dos Israelitas Sobreviventes da Perseguição Nazista, Aleksander Laks expõe em detalhes, para diferentes plateias, os seis mais longos e terríveis anos de sua vida, que definiram, para sempre, sua forma de olhar e sentir o mundo.

Nascido na Polônia em 2 de agosto de 1926, Aleksander morava em Lodz quando estourou a Segunda Guerra Mundial. A cidade foi a primeira a sentir o peso das mãos assassinas do nazismo. Foi ali que o Terceiro Reich inaugurou a série de guetos que viriam a se espalhar por diversos países da Europa, sob o domínio de Hitler. Os judeus se tornaram prisioneiros das tropas alemãs em suas próprias casas. Foram barbaramente humilhados, torturados, pilhados e mortos, aos milhares, todos os dias.

Aleksander foi vítima das atrocidades desde a primeira hora. E sofreu agressões até o último minuto da guerra. Mas quebrou todas as regras do campo de concentração. Primeiro: não morreu. E contrariou a norma número 1 de Auschwitz – a chaminé NÃO foi sua porta de saída. Ele deixou o "inferno" pelo mesmo lugar por onde entrou: o portão da frente.

A reconquista da liberdade, porém, foi precedida das mais terríveis formas de tortura física, moral e psicológica. Hoje, quando relata os horrores vividos durante a ocupação nazista, ele inicialmente provoca incredulidade. E, em seguida, admiração sincera. Para a maioria das pessoas, é difícil absorver a ideia de que um ser humano, em sã consciência, possa maltratar um semelhante com tantos requintes de crueldade. E, por outro lado, que alguém possa resistir, por tanto tempo, a tamanha barbárie sem perder a dignidade e a crença na humanidade.

Por isso, Aleksander Henryk Laks é uma personalidade tão surpreendente. Nenhum sofrimento foi capaz de demovê-lo da determinação de preservar seus mais nobres valores: fé, amor-próprio, confiança no futuro, solidariedade e respeito à vida. Ele atravessou a adolescência inteira sob a sombra de ameaças, dia e noite. Tinha apenas 12 anos quando começou o período de extermínio em massa dos judeus. E só se livrou do horror seis anos mais tarde, no fim da guerra, já à beira da morte, esperando por um milagre.

Aleksander amadureceu a ferro e fogo. Precisou encontrar dentro de si uma coragem descomunal para enfrentar duas guerras: a externa, levada a cabo pelos soldados da Suástica, e a interna, uma luta pessoal contra o desespero e a depressão, diante da crueldade que lhe batia à porta.

"O homem que a dor não educou será sempre uma criança."

— N. Tommasco

Um dos episódios mais chocantes foi a tragédia vivida por um casal, no sobrado onde Aleksander morava. Os nascimentos eram proibidos no gueto. Mas uma mulher desafiou a regra. Deu à luz um bebê e contou com a solidariedade dos vizinhos. Diariamente, os alemães convocavam a comunidade para seleção e deportação. Sempre que os inimigos se aproximavam, o casal e os vizinhos – incluindo a família de Aleksander – permaneciam num esconderijo. Eram momentos angustiantes e, para que a criança não chorasse, a mãe, desnutrida, oferecia o peito já seco.

Até que um dia, a criança começou a chorar alto e rejeitou o peito da mãe. Jacob, pai de Aleksander, colocou a ponta do dedo na boca do bebê para simular uma chupeta. Mas não surtiu efeito. Para abafar o ruído, o grupo cobriu o bebê com travesseiros e cobertores.

> "Não sei quanto tempo durou nosso silêncio. Mas, quando retiramos a cobertura de cima do bebê, era tarde. Ele morrera sufocado. Naquela noite, o casal, com o filho no colo, entregou-se para a deportação. Jamais esquecerei aqueles rostos."

Apesar da tragédia humana que ele presenciava e sofria, nada tirava do garoto o ímpeto inerente aos jovens. A extrema necessidade de sobrevivência, aliada ao espírito aventureiro típico de sua idade, o levava a cometer, até mesmo, atos inconsequentes, que o expunham ao limite entre a vida e a morte.

> *"O talento é feito na solidão; o caráter, nos embates do mundo."*
>
> – Goethe

Certa vez, ainda no gueto, aos 13 anos, Aleksander saiu de casa às escondidas para tentar obter uma tigela de sopa num posto de distribuição próximo. A família, enclausurada num quarto, passava fome. O garoto, numa atitude de ousadia, arriscou-se e entrou na fila, em busca de comida. De repente, o local foi cercado por alemães.

> "Começamos a correr. Eu e um amigo, Woda, entramos num prédio abandonado e nos escondemos dentro de um armário. Tremíamos de medo. Mas os alemães subiram as escadas e disseram: 'Não tem ninguém aqui. Vamos embora'. Assim nos salvamos."

Essa foi apenas a primeira de uma série de situações em que Aleksander esteve frente a frente com a morte. Conseguiu escapar, em todas elas, por pura obra do destino.

As filas passaram a ser uma das maiores ameaças, um grande pesadelo. Ironicamente, poderiam ser o caminho para a salvação ou para o extermínio. Muitas eram organizadas especialmente para enganar os prisioneiros.

Foi o que aconteceu quando, por falta de comida, a família de Aleksander saiu do esconderijo e entrou na fila para deportação. Acreditou na informação de que seria levada para uma frente de trabalho. Ingenuidade. Depois de uma longa e difícil viagem no compartimento de carga do trem, o desembarque foi dentro de um campo de concentração.

A família não percebeu imediatamente que havia sido ludibriada. Ainda no vagão, Aleksander viu pela fresta um cenário que lhe encantou.

"Olha como é bonito aqui. Tem até um forno metalúrgico!"

Aleksander não sabia. Mas a fila para o "campo de trabalho" era, na verdade, o começo de uma viagem ao "inferno".

"Tínhamos chegado a Auschwitz. E o tal forno era uma câmara de gás para assassinatos em massa. Auschwitz era pior do que o inferno. O que vi lá, em uma só noite, eu não veria em cem anos em outro lugar."

No campo de concentração, havia filas para tudo. Algumas garantiam a sobrevivência: fila para comida, para trabalho. Outras traziam a morte: fila para tortura, para a câmara de gás. E foi numa dessas filas que Aleksander amargou sua primeira angústia no campo: a separação da família. Logo na chegada, mulheres e crianças para um lado; homens para outro. A mãe, a avó e a tia foram levadas pelos capatazes. E ele ficou apenas com o pai.

> *"Morremos um pouco cada vez que perdemos um ente querido."*
> – Publius Syrius

"Não houve despedida. Minha mãe acenou de longe. Foi a última vez em que a vi. Nunca mais tive notícias dela. Nem dos outros parentes. A partir daquele momento, minha família se resumiu a mim e meu pai. E sentimos juntos, na própria carne, os efeitos da perversidade nazista."

Aleksander foi conduzido, com o pai e centenas de prisioneiros, para mais uma fila. Logo na primeira triagem, ficou diante daquele que seria o carrasco-símbolo do nazismo: Joseph Mengele. O médico usava seres humanos como cobaias para testar o limite da resistência humana à dor.

Pouco antes de ser analisado por Mengele, Aleksander havia sido, inexplicavelmente, instruído por um capataz a dizer a palavra "dezoito". A princípio, não entendeu. Mas, quando o médico lhe perguntou a idade, Aleksander deu a resposta que, mais uma vez, lhe salvou a vida: "Dezoito." Se confessasse ser menor, teria sido morto.

> *"Palavras gentis e boas ações são eternas. Nunca se sabe onde a influência delas terminará."*
> – H. Jackson Brown Jr.

A tragédia, dali em diante, seria tamanha que, anos mais tarde, Aleksander chegaria à irônica conclusão: "Mengele me 'condenou' a viver." A partir daquele momento, a vida de Aleksander estaria sempre por um fio.

Um dia, ao tentar obter um pouco de sopa, um soldado o acusou de entrar na fila pela segunda vez. Era mentira. Mas não adiantaria retrucar. Ele foi condenado ao ritual das 25 pancadas. O preso ficava de bruços, num cavalete, com as mãos amarradas para a frente. E o carrasco executava as pauladas. Geralmente, já no décimo golpe, os ossos ficavam triturados e se misturavam a uma pasta de sangue. Os músculos se contraíam tanto que era difícil retirar o cadáver do cavalete. Quando Aleksander estava sendo levado para o castigo, o carrasco foi chamado por um colega. "Deixe esse merda aí e venha aqui para eu te mostrar uma coisa."

"Fui dispensado com um pontapé. Por algum motivo, escapei mais uma vez. Parecia que eu estava predestinado a viver."

O destino que insistia em fazê-lo deparar-se com a morte também se incumbia de salvá-lo de formas inesperadas. Um dia, já em 1945, Aleksander removia escombros da cidade de Offenburg, na Alemanha, que havia sido bombardeada. Ele fazia parte de um grupo deportado para mais uma frente de trabalho escravo. Em certo momento, obteve permissão de um guarda para urinar. Mas, ao se distanciar, outro soldado pensou que ele estivesse fugindo. E já tinha engatilhado o fuzil para matá-lo quando o colega informou que lhe dera a autorização.

Definitivamente, o destino havia escolhido Aleksander Henryk Laks para nos contar esta história. Hoje, ele faz palestras para narrar as experiências vividas no Holocausto. Com isso, atende ao pedido do pai.

"Não importa o que o passado fez de mim.
Importa o que farei com o que o passado fez de mim."
– Anônimo

"Meu pai me fez prometer: "Filho, se você sobreviver, conte tudo o que aconteceu. Conte sempre. Mesmo que não acreditem."

Mesmo que não houvesse o pedido, Aleksander afirma que jamais deixaria de expor ao mundo os episódios estarrecedores que testemunhou. Um dos mais aterrorizantes, que abalaram seriamente sua estrutura emocional, foi o extermínio, numa só noite, de uma comunidade inteira, composta por seis mil ciganos, mortos na câmara de gás em Birkenau. Prova de que os judeus não eram os únicos perseguidos.

"A guerra não era religiosa, mas sim racial."

A impunidade favorecia todo tipo de arbitrariedade. Tudo era tão inconcebível que até mesmo alguns soldados alemães se surpreendiam ao saber que os prisioneiros não haviam cometido qualquer crime.

"Certo dia, um mestre de obras me perguntou: 'Que crime você e seu pai cometeram?' Eu respondi: 'Nenhum. Estamos aqui porque somos judeus'."

Hoje, Aleksander tem consciência de que os melhores anos de sua juventude e de "pureza da alma" – como gosta de frisar – foram tragicamente perdidos. Nas palestras, ele relata com emoção a violência que o regime alemão lhe impôs.

"Venci, sobrevivi, mas uma parte de mim ficou desolada. Tenho cicatrizes de todo tipo. Minha alma está repleta delas. Meu corpo também. Minha memória, meu pensamento, meu sono, meus dias e minhas noites."

"Não existe esquecimento total.
As pegadas impressas na alma são indestrutíveis."
– Thomas de Quincey

Um dos momentos lembrados com maior angústia é o espancamento do pai numa frente de trabalho forçado. Os prisioneiros abriam e fechavam valas incessantemente sem o menor propósito. A ideia era causar morte em massa por cansaço. Certa vez, um guarda alemão jogou fora uma guimba de cigarro. Jacob, que era fumante e não tragava há pelo menos cinco anos, não resistiu e se abaixou para pegar. Antes que tivesse tempo de levá-la à boca, foi violentamente espancado.

"Foi uma angústia indescritível. O que eu não suportaria ver ocorrer a um estranho, vi acontecer com meu pai."

> *"Rezo, não para ser protegido do perigo, mas para não recear enfrentá-lo; rezo, não para que minha dor se acalme, mas para que eu tenha coragem de vencê-la; rezo, não para ter aliados nas batalhas da vida, mas sim força para travá-las; não quero suplicar com ânsia apavorada para ser salvo, mas espero ter paciência para conquistar minha liberdade. Concedei-me a graça de não ser covarde, sentindo a Vossa misericórdia apenas ao ser bem-sucedido; mas apertai a minha mão quando eu fracassar."*
> – RABINDRANATH TAGORE

Uma das feridas mais profundas na memória de Aleksander é justamente a série de episódios de agressão à integridade física e moral do pai. Até hoje, ele "ouve" o choro de Jacob após a primeira seleção de prisioneiros em Auschwitz. Os judeus eram divididos em grupos conforme a aptidão profissional. E os barbeiros foram convocados para depilar completamente os companheiros. Até as sobrancelhas eram retiradas.

"As navalhas estavam cegas. Ficamos com um aspecto monstruoso. Um homem, que não identifiquei, aproximou-se de mim e disse: 'Você não está me reconhecendo? Sou seu pai'. Aquela foi a primeira vez em que o vi chorar."

> *"As lágrimas são o sangue da alma."*
> – Santo Agostinho

As imagens sangrentas e apavorantes do Holocausto foram cristalizadas em sua memória. E se perpetuam como fantasmas que insistem em atormentá-lo. Até hoje, Aleksander sofre de insônia, tem pesadelos e suor frio. Quando fala do massacre, as recordações assumem maior dimensão. E a dor aumenta. Mas ele não desiste. Ainda que seja penoso – e, com o avanço da idade, mais arriscado à saúde, principalmente em se tratando de um cardíaco –, ele mantém o hábito de dar palestras sobre o genocídio, para ressaltar a importância da tolerância e do respeito entre os homens. Para o sobrevivente, falar do Holocausto é uma questão de honra.

"Era duro ver a gratuidade da covardia a que éramos submetidos. Os nazistas cuspiam na boca dos judeus e os ameaçavam de morte se fizessem expressão de nojo. Meu avô teve as longas barbas arrancadas à mão, sem piedade, e morreu em consequência das feridas. O rosto ficou em carne viva."

Essas torturas eram claramente destinadas à satisfação do sadismo dos alemães. Não faziam parte do "estatuto" da guerra. Eram atos isolados de violência física e humilhação. Um dia, um rapaz com uniforme nazista levou Aleksander até uma sala, mandou que ele abrisse a boca e disse: "Vou lhe arrancar um dente. Se doer, você grita." Não houve anestesia.

"Doía muito e eu gritava desesperadamente."

Em seguida, o torturador avisou, com rispidez: "Vou arrancar outro dente, mas, se você gritar, te mato."

"Doeu muito e demorou até que tudo terminasse. Até hoje, não tenho explicação para o que aconteceu. O que foi aquilo? Uma experiência, um treinamento ou apenas a crueldade sem limites de um monstro?"

A cada brutalidade, uma nova cicatriz. Aleksander traz no corpo as sequelas de ferimentos graves. Até hoje, tem dificuldades de respirar por causa de uma fratura sofrida no nariz. Foi durante a abertura de uma vala no campo de concentração. Um dos capatazes gritou: "Ei, judeu! Pão!" E jogou o alimento para Aleksander. Todos os prisioneiros se atiraram sobre ele para tentar pegar o alimento, mas foram violentamente espancados e mortos.

"Sobrevivi porque estava por baixo. Mas, depois que os corpos foram retirados de cima de mim, tive o nariz quebrado por uma coronhada."

Aleksander também sofria ao presenciar a dor de outros presos. Certa vez, um oficial alemão entrou no alojamento e esbravejou, entre xingamentos e palavrões: "Vocês se livraram do Mengele, mas não pensem que vão escapar de mim." E continuou aos berros: "Sei que vocês engoliram ouro e brilhantes. É melhor entregarem tudo. Ou vou abrir a barriga de cada um." Em seguida, obrigou um prisioneiro a tomar um litro de óleo de rícino. O homem começou a evacuar sangue e foi forçado a remexer a gosma. Resistiu por poucos minutos. E morreu.

"Para encontrar a esperança é necessário ir além do desespero. Quando chegamos ao fim da noite, encontramos a aurora."
– Georges Bernanos

A dimensão da mente doentia dos nazistas se mostrava cada vez mais perversa. A natureza também foi utilizada para dar vazão às diabólicas estratégias de destruição humana. O frio glacial passou a ser instrumento de tortura, para quebrar o pouco que sobrava da resistência dos judeus. Em dezembro de 1944, a Alemanha perdia a guerra para os russos e os prisioneiros trabalhavam cada vez mais pesado para erguer fortificações. A crueldade dos capatazes era redobrada para acelerar o ritmo das obras. O Natal se aproximava e o comandante do campo prometeu que, na noite de 24 de dezembro, os judeus receberiam a cota de pão e sopa em dobro. E ainda teriam folga no dia 25.

"Contamos cada minuto na esperança de receber o prêmio."

Mas a recepção na noite natalina contrariou a expectativa. O "presente" foi bem diferente: castigo dobrado. Depois de horas perfilados de pé na neve, aguardando ordens, eles viram o comandante chegar trôpego, com a fisionomia transtornada pelo álcool e pela raiva, e bem agasalhado.

"Ele chegou gritando, xingando e nos acusando de trabalhar pouco. Não recebemos absolutamente nada. Foi mais uma grande mentira."

Com um discurso interminável, o comandante os acusava de terem matado Jesus e dizia que ele, como "bom cristão", vingaria o sangue de Cristo. E os condenou a ficar ao relento, de pé, durante toda a madrugada, congelando na neve.

Além da agressão física, o que calava fundo era a violência psicológica. Do local onde estavam perfilados, eles viam através da janela do alojamento os alemães bebendo, cantando e dançando, festejando o Natal.

"Enquanto isso, enfrentávamos o gelo, vestindo pijamas. Para muitos, foi a última noite de suplício. Eles congelaram e caíram mortos."

> *"Se todo animal inspira ternura, o que houve, então, com os homens?"*
> – GUIMARÃES ROSA

As lembranças do horror também congelaram na mente de Aleksander.

Ele lembra com clareza: os companheiros tombavam na neve, um a um, na inesquecível data do nascimento de Jesus. Um quarto do grupo morreu.

> *"Mesmo as noites totalmente sem estrelas podem anunciar a aurora de uma grande realização."*
> – MARTIN LUTHER KING

Arrasado, Aleksander tinha um consolo: a sobrevivência dele e do pai. Mas, poucos dias depois, no início do Novo Ano, começaria uma nova fase de extermínio em massa. O fim da guerra era iminente e os alemães tinham ordem para não deixar vestígios do massacre. A morte deveria ter causas naturais: frio, fome, cansaço. "Nenhum prisioneiro pode cair vivo nas mãos do inimigo", sentenciava o memorando de Heinrich Himmler.*

Esse foi o mote para desencadear mais um ato de barbárie de Hitler: a Marcha da Morte. Esta seria a última invenção

---

* Heinrich Himmler nasceu em 7/10/1900 em Munique (Alemanha). Foi comandante da SS, a guarda do Partido Nazista de Adolf Hitler. Criminoso de guerra, foi capturado pelos britânicos em 1945 e seria julgado pelo Holocausto, mas se suicidou antes do julgamento.

diabólica dos nazistas para concretizar o plano da "Solução Final". Os prisioneiros, organizados em colunas (sempre as filas...), eram obrigados a andar sem parar, por centenas de quilômetros, trajando apenas um uniforme roto e tamancos de sola de madeira, que dificultavam muito a caminhada na neve. Era proibido parar, sentar, atrasar, cair ou sair da fila, sob pena de fuzilamento.

"Tínhamos de urinar andando e a urina congelava na pele, provocando cortes e dificultando nossos movimentos."

A marcha começava de manhã e se estendia até a noite. Sem comida e sem bebida. Desnutridos e exauridos, milhares morriam e ficavam às margens das estradas. O objetivo dos alemães estava sendo alcançado. E o de Aleksander, àquela altura dos acontecimentos, era simplesmente manter-se vivo e ajudar o pai a suportar a marcha.

"Meu pai, apesar de ter apenas 44 anos, já não era o mesmo homem. Estava muito debilitado e disse: 'Meu filho, não posso mais andar, mas você deve prosseguir e sobreviver. Vou me sentar'. Eu respondi: 'Pai, se você sentar, eu sento a seu lado, não vou prosseguir sem você.'"

Nesse momento de extremo desespero, surgiu mais uma personagem anônima que, mesmo correndo riscos, se dispôs a ajudar Aleksander e o pai. E propôs a Jacob: "Apoie-se em meu ombro, entre mim e seu filho. Se um cair, todos caem. Mas teremos mais chances de sobrevivência."

> *"O verdadeiro heroísmo consiste em persistir por mais um momento quando tudo parece perdido."*
> – Autor desconhecido

A atitude de solidariedade e amor do homem desconhecido salvou a vida de ambos. Pai e filho conseguiram prosseguir por mais algum tempo, até que, passando por uma estação ferroviária, havia um trem parado. Foi a salvação. Os pés estavam em carne viva. Não aguentariam mais um passo. Os alemães ordenaram que entrassem no vagão. Eles não sabiam qual rumo seria tomado. Mas não importava. Nada seria pior do que continuar aquele martírio. A Marcha da Morte tinha chegado ao fim. Mas a morte...

A morte sempre foi uma insistente sombra. Na imaginação atordoada dos judeus, era uma ameaça concreta, que poderia surgir de qualquer circunstância, dependendo apenas do humor dos algozes.

"Ninguém tinha passado, presente ou futuro. Diante de nós, havia apenas o momento seguinte. Vivíamos em curtas parcelas de tempo. Contávamos cada segundo de eternidade."

> *"O passado é história, o futuro, o enigma, o hoje, uma dádiva, por isso se chama presente."*
> – Anônimo

O trem os levou a Flossenburg, cidade alemã assolada por uma peste: a disenteria. A grave doença provocava diarreia constante e era proibido usar o banheiro, sob risco de morte por espancamento. As noites eram "pesadelos". Nos galpões em que eles dormiam, só existiam beliches e os prisioneiros brigavam para ocupar as camas superiores porque, muitas vezes, os que ficavam embaixo amanheciam inundados de fezes e sangue dos companheiros de cima. Para desespero de Aleksander, Jacob foi acometido pela enfermidade. E dificilmente conseguiria resistir aos efeitos devastadores da doença. Jacob já vinha padecendo de total apatia. Perdera consciência da realidade. Não sentia fome, sede, medo ou dor. Até o instinto de sobrevivência havia desaparecido.

"Era o estado chamado "muçulmano", estágio anterior à morte."*

Um dia, fazendo uso do fiapo de resistência que ainda lhe restava, Jacob se arrastou até o bloco das latrinas, onde já havia outros doentes. O capataz entrou e começou a espancar o grupo. Quem ainda tinha alguma força conseguiu escapar. Aleksander não viu o pai sair e teve uma péssima intuição, que logo se confirmou.

"Encontrei meu pai estendido numa poça de sangue e fezes. Ao me aproximar, ainda o ouvi pronunciar a última palavra: 'Aleksander'."

A dor dilacerante daquele momento foi transformada, mais tarde, em poderosa bandeira de luta. Não por vingança, mas por justiça. E respeito entre os homens, sem distinção de raça, classe social ou religião.

---

* "Muçulmano": termo que, de acordo com Aleksander Laks, era usado pelos judeus em referência a um estágio de letargia.

> "A responsabilidade da pessoa não se refere apenas a si mesma,
> mas a toda a espécie humana."
>
> – Sartre

"Hoje rendo homenagem a meu pai contando nossa história. É o que posso fazer – e faço – pela memória de meu querido pai."

> "Debruço-me na sua ausência como se o vazio dotado
> fosse de ombros largos, cor, calor e pudesse me ouvir ao relento
> roçar o ponto mais sensível da imensa falta que você faz."
>
> – Antonio Carlos Mattos

Os poucos sobreviventes da peste foram transferidos de trem para a cidade alemã de Tuttlingen. Aleksander estava entre eles. Seu estado físico era tão deplorável que ele mal conseguia se manter de pé. Aos 17 anos, com 1,70m de altura, pesava ínfimos 28kg. E já tinha entrado na fase de debilidade do pai: o estado de indiferença a tudo que acontecia ao seu redor.

"O vagão estava lotado de cadáveres. Todos tinham os olhos arregalados, pois, quando se morre de fome, os olhos permanecem abertos."

Mas Aleksander já não se importava com nada. O trem teve de parar numa localidade em que os trilhos haviam sido explodidos pelos franceses. Apático, ele não esboçou reação. E surgiu mais um anônimo que viria lhe salvar a vida. Um homem se aproximou, constatou que ele estava vivo e ofereceu uma caneca de leite. Aleksander não teve forças para estender o braço. O desconhecido abriu a boca do jovem moribundo e derramou vagarosamente um pouco de leite, para reanimá-lo. Deu certo.

"Eu estava tão desnutrido que o fluxo de proteínas poderia ter me matado. Mas, ao contrário, me fez voltar à realidade. Recuperei a vontade de viver."

Aos poucos, Aleksander foi recobrando a consciência e percebeu que os alemães haviam fugido. Lá fora, pessoas corriam em todas as direções, gritando o fim da guerra: "Estamos livres!" A liberdade, porém, era relativa. Os "ex-prisioneiros" foram abandonados à própria sorte pelos franceses que derrotaram os nazistas. Os judeus vagavam sem rumo, em busca de amparo e orientação. E não tiveram o auxílio das tropas aliadas. O descaso era tanto que, em vez de medicamentos, os doentes com disenteria só recebiam pó de carvão para conter o desarranjo intestinal. A eles, não foi oferecido, também, qualquer alimento. E a fome era desesperadora. Os sobreviventes precisaram mendigar pela vizinhança, implorando por comida.

"Cheguei a uma granja e perguntei se a dona teria cascas de batata. Ela questionou: 'Por quê? Você cria porcos?' Respondi que não. E expliquei que fora libertado e que estava com fome."

A proprietária da granja perguntou, então, por que ele não pedia batatas, em vez de cascas. E lhe ofereceu o legume. Ele percebeu, naquele momento, o quanto sua consciência ainda estava prisioneira da tragédia que parecia estar chegando, definitivamente, ao fim.

"Meu corpo estava em liberdade, mas minha alma ainda permanecia em guerra. Eu não imaginava que pudesse voltar a me alimentar dignamente."

> *"Por que nos contentamos em viver rastejando quando sentimos o desejo de voar?"*
>
> – Helen Keller

A subserviência foi uma das mais profundas sequelas psicológicas provocadas pelos anos de horror. E se incrustara nos sobreviventes de tal maneira que só o tempo poderia ajudá-los a recobrar a noção de seus próprios direitos.

Logo após a guerra, os ex-prisioneiros foram levados para campos de refugiados, administrados pelos países aliados, vencedores da guerra: URSS, Estados Unidos, Inglaterra e França. Eles recebiam a proteção da UNRRA (United Nations Relief and Rehabilitation Administration), instituição fundada em novembro de 1943 para assistir as vítimas da guerra, perseguidas pelo Eixo (formado por Alemanha-Itália-Japão). Aleksander lembra que alguns campos de refugiados foram criados em quartéis militares, outros em antigos campos de concentração. E ainda havia grupos que ficaram em pequenas cidades, desmanteladas com o fim da guerra.

> "Foi o caso de Zeilheim, onde passei a viver, perto de Frankfurt. A cidadezinha existia em função da fábrica de gás. Mas o produto era o mesmo usado nas câmaras para matar judeus. Por isso, a empresa foi acusada de crime de guerra e fechou. Sem ela, a cidade se desfez. E passou a abrigar refugiados. Vivi numa casa com cinco colegas sobreviventes. Mais tarde, eles foram para os Estados Unidos (para onde eu também acabaria viajando). Mantive contato com todos. Em 2000, quando visitei os Estados Unidos, encontrei dois colegas que ainda estavam vivos. Foi emocionante. Correspondo-me com eles até hoje."

Aleksander lembra que passou dois anos se recuperando fisicamente da tragédia vivida em Auschwitz. O dia a dia era de tratamento médico, atividades culturais, ensino e trabalho. Desde o começo, sua esperança era vir para o Brasil. Aleksander se lembrara que o pai tinha uma irmã no Rio de Janeiro. Assim que recuperou a saúde, ele enviou uma carta ao comitê judaico no Rio, pedindo ajuda para localizar sua família na cidade. A correspondência foi publicada em iídiche num jornal dirigido aos judeus. Deu certo. A tia leu o apelo e fez contato com o sobrinho, convidando-o a morar no Rio.

"Mas não pude viajar. Vigorava uma lei no Brasil que impedia a entrada de judeus no país. Não aceitavam refugiados. Tive de esperar."

Aleksander, então, resolveu ir para os Estados Unidos.

"Eu tinha outras opções, como a Áustria ou a Inglaterra, mas tive medo do comunismo, que avançava a passos largos. Temi passar por tudo de novo. Por isso, meu objetivo era sair de qualquer jeito da Europa."

Nos Estados Unidos, ele morou de aluguel no quarto de empregada de uma casa, enquanto trabalhava como peleteiro, vendedor de peles. Nunca havia exercido essa atividade, mas aprendeu rápido e se dedicou ao ofício com empenho, para garantir a subsistência. Só em 1948 ele conseguiu vir para o Brasil, como turista. Estabeleceu-se na casa da tia e não saiu mais.

"Consegui autorização para permanecer no Brasil porque me apresentei como mestre em peleteria, uma atividade muito prestigiada na época, e de mão de obra qualificada escassa. Mas tive de esperar dez anos para conseguir o que queria: a naturalização."

Feliz no Brasil, Aleksander se casou (com uma jovem brasileira, filha de poloneses) e teve dois filhos. Ele se engajou na causa judaica como ativista voluntário e se tornou presidente da Sherit Hapleitá, a Associação dos Israelitas Sobreviventes da Perseguição Nazista. Recebeu diversas comendas pelo trabalho humanitário.

"Apesar de tudo, não sou uma pessoa amarga. E não sinto ódio. Preocupo-me com a nova geração, para que não viva, nem de longe, o que experimentei em meu passado."

Uma das maiores emoções é, justamente, a receptividade de jovens durante as palestras. Aleksander guarda num baú, que ele chama de preciosidade, cartas e bilhetes escritos por estudantes que se comoveram com a história do sobrevivente. São agradecimentos, elogios, declarações de admiração pela força do homem, hoje idoso, que se empenha física e psicologicamente em dar o testemunho de seu sofrimento. Ele já passou por três internações, entre 2004 e 2006, por conta de problemas cardíacos. Mas não desiste da missão. A sombra dos inimigos do passado o move para frente.

> *"Aquele que luta contra nós fortalece nossos nervos e aprimora nossas qualidades. Nosso antagonista trabalha por nós."*
> – EDMUND BURKE

"Quando recebo os papeizinhos com os dizeres dos jovens, sinto-me revigorado. Eles desenham corações, mandam beijos, me tratam com tanto carinho que percebo que estou no caminho certo. Faz parte da educação e da boa formação conhecer a importância do respeito e da tolerância."

1944 ──────── 2004

Aleksander está de volta a Lodz. Nas ruas, um cenário sombrio. Casas abandonadas, paredes pichadas, becos escuros e sinistros. E um silêncio perturbador. Uma atmosfera carregada de lembranças doloridas. Gritos de desespero. Pedidos de clemência. Vidas interrompidas. Na velha e maltratada calçada, a passos lentos, seu vulto se reflete nas fachadas das antigas construções e, por vezes, para à frente de um portão. Só o corpo, pois a mente prossegue numa viagem aflitiva ao passado.

A fisionomia do homem de 78 anos não revela com clareza a ebulição de pensamentos que o remetem a uma época de perda e destruição. Depois de 65 anos, Aleksander revê sua cidade natal, ocupada pelos alemães no início da guerra. Lugar onde só viveu em liberdade até os 11 anos. Mas, compreensivelmente, o coração não bate por saudade, e sim por repulsa. A Polônia representa hoje uma pátria renegada. Ele nunca esqueceu os delatores conterrâneos que, ao primeiro avanço dos nazistas em solo polonês, se apressaram em entregar os judeus da comunidade.

> "Se alguém me chamar de polonês, é uma ofensa. Sou brasileiro. Os poloneses não judeus deduraram os conterrâneos assim que os alemães invadiram. E chegaram a matar judeus com as próprias mãos."

Num dos episódios mais pavorosos, 1.600 judeus foram trucidados em praça pública, com tacapes que tinham pregos nas pontas. Para que Aleksander voltasse ao antigo palco de horror, foram necessários sessenta anos de hesitação e relutância. Durante seis décadas, ele amadureceu a ideia de enfrentar as recordações nos próprios locais em que testemunhou, na condição de vítima, o genocídio.

A coragem só veio após a morte da esposa Twojra Sylka (nome dado pelos pais poloneses, embora ela tivesse nascido no Brasil) ou, para os brasileiros, Cecília – com quem esteve casado durante cinquenta anos. E depois do aval do médico, já que, meses antes da viagem, Aleksander havia sido internado com graves problemas cardíacos, em consequência da carga emocional gerada pela ansiedade: o plano de um reencontro com o passado embutia um tremor difícil de controlar. Finalmente, em 12 de dezembro de 2003, chegou a hora da viagem. Na bagagem, além de roupas para enfrentar temperaturas abaixo de zero, uma intensa carga de tensão e expectativa.

Brasil – Israel – Polônia – Alemanha – Brasil. Um roteiro de fortes emoções que oscilavam do carinho, da benevolência e da fraternidade até a lembrança da indignação, da angústia e do ódio. Foram 35 dias em que os sentimentos o empurraram de forma acelerada, em altos e baixos frenéticos, como numa montanha-russa.

Um grande teste para a saúde física e o equilíbrio emocional. Se, por um lado, lembranças trágicas insistiam em colar na alma, por outro houve episódios que o tempo se encarregou de apagar. Mas mesmo estes emergiam do subconsciente, numa emoção doída, a cada estímulo visual ou auditivo provocado pela visita.

"Não foi fácil. Chorei com muita frequência ao rever prédios, ruas, trens, tudo tinha significado."

E a viagem trouxe também surpresas impressionantes. Em Israel, por exemplo, o motorista que o conduzia pelas ruas da cidade puxou conversa e ficou emocionado ao saber que transportava um sobrevivente de Auschwitz. A euforia foi tamanha que ele convidou o passageiro para ir até sua casa nos arredores de Tel Aviv, para lhe mostrar objetos relacionados ao período da ocupação.

Ironia do destino. Na residência, havia uma fotografia em que se viam meninos de uns 10 a 14 anos, diante de um colégio. Todos judeus com uniforme de prisioneiro alemão e a estrela de David no peito. E grandes foram a surpresa e o susto de ambos ao constatarem que um dos garotos era o próprio Aleksander! Ele não se lembrava sequer de ter posado para tal foto. Mas a história o reportou ao tempo em que os alemães tentavam distorcer a realidade aos olhos do mundo. O grupo de meninos, na fila para a sopa, sorria para a câmera. E não é difícil imaginar que foram obrigados a isso: pura propaganda nazista.

A foto original faz parte do acervo sobre o Holocausto do Museu de Frankfurt, na Alemanha. A cópia entregue a Aleksander se tornou uma relíquia. É o único registro fotográfico de sua trágica infância – tendo em vista a apreensão dos bens dos judeus pelos nazistas.

Os alemães não só ceifaram vidas, mas também dizimaram a identidade dos judeus. Eles foram "coisificados", tratados por números, sem qualquer resquício de cidadania. Até então, a foto mais antiga de Aleksander era a do passaporte, tirada aos 18 anos, logo após a libertação de Auschwitz. O presente recebido do motorista provocou uma comoção tão intensa que Aleksander incluiu mais um ponto de visitação ao roteiro de viagem: a escola em Lodz, diante da qual a foto foi batida. Sessenta anos depois, ele se deixou fotografar no mesmo lugar, mas em circunstâncias históricas e emocionais bem diferentes.

A passagem por Lodz causou tristeza e decepção. A cidade na qual ele passou os 11 primeiros anos de vida – e onde teceu os sonhos e projetos para o futuro – se tornou um emaranhado de ruelas melancólicas e sujas, com casas abandonadas e pichadas. Foram três dias de visita, com crises de choro sucessivas.

"As autoridades deveriam ter um pouco mais de respeito pela memória de Lodz. Não existe sequer um monumento em lembrança da tragédia ocorrida ali. É uma falta de consideração com os judeus e a humanidade."

A viagem também lhe reservaria outras descobertas, não menos angustiantes. Uma delas revelou um fato surpreendente. O trem que fazia parada em Lodz para transportar prisioneiros de guerra não ia apenas para Auschwitz. Tinha, na verdade, dois destinos. O outro era Helmnie, campo de concentração sem alojamento, onde todos os passageiros que ali chegavam eram mortos em câmaras de gás. Uma vez embarcados, o rumo para a direita, Auschwitz, oferecia alguma chance de sobrevivência. Mas, para a esquerda, Helmnie era a morte certa. O critério de itinerário era feito de forma aleatória – jogo de vida ou morte para os judeus. Ali, portanto, Aleksander teve uma das primeiras experiências de desafio à morte. E manteve-se vivo.

Hoje, seis décadas depois, é um milagre que um judeu idoso esteja ali de volta observando, embargado pela emoção, a mesma estação, os mesmos trilhos, ouvindo o mesmo ruído de trem. Em silêncio absoluto e inércia física, Aleksander embarca mentalmente no vagão. E enfrenta com coragem recordações amargas. Num flash, imagens do passado ressurgem com nitidez estarrecedora. Rostos crispados, olhares acuados pelo pavor, choros sufocados, cheiro de suor e atmosfera asfixiante. Estava tudo ali.

Mas, naquele momento, aquele mundo de horror só pertencia a ele. Os que passavam pela estação estavam protegidos por uma lacuna temporal de mais de meio século. Paralelamente aos trilhos desativados, que conduziram tantos para o extermínio, foi instalada uma nova ferrovia, que, ao contrário da antiga, simboliza vida. Os vagões agora transportam passageiros para trabalho, estudo, lazer, convívio social, enfim, representa um meio de realização de sonhos e projetos. Subitamente, Aleksander desperta da meditação profunda e toma uma decisão: fazer a viagem "para a esquerda" rumo a Helmnie. O percurso foi de intensa expectativa. Ao chegar, dominado pela ansiedade, ele fez uma homenagem tácita aos milhares de mortos. E, em meio a conversas com moradores, fez descobertas terríveis.

Misturados ao solo, e então encobertos pela neve, ainda existem fragmentos de ossos humanos que haviam sido triturados por máquinas instaladas no campo de concentração. E uma agravante: o próprio Aleksander havia participado da fabricação dos equipamentos, ainda como prisioneiro no gueto de Lodz, sem saber, na época, sua finalidade.

Esse foi um dos baques emocionais que mais o debilitaram psicologicamente durante a viagem de volta no tempo: uma tomada de consciência de que, involuntariamente, foi construtor de máquinas de extermínio. Aleksander explodiu num choro descontrolado. Sabia que cada lágrima representava um descarrego da culpa. Como consolo, ele lembrava que, na verdade, também havia sido vítima do horror.

Outra informação que abalou profundamente seu equilíbrio foi de que, naquela cidade, 60 mil judeus foram eliminados de uma só vez na implosão de um castelo no qual estavam confinados.

Aleksander – que agora tinha plena liberdade de ir e vir – decidiu que chegara o momento de ir embora daquele lugar e nunca mais voltar a pisar naquele chão de ossos. Cabisbaixo e pensativo, dirigiu-se à estação para completar a sinistra viagem. Rumo: Auschwitz. Pela pequena janela do trem, ele já podia ver o grande portal por onde passaram milhares de almas condenadas.

O letreiro ainda é o mesmo: "Arbeit macht frei" ("O trabalho liberta"). E muitas instalações estão preservadas. Alojamentos ainda com cinzas de tijolo cru, imensos banheiros com buracos coletivos, fornos crematórios, corredores cobertos de neve entre os galpões. Tudo transformado num gigantesco museu visitado por turistas do mundo inteiro. Aleksander poderia parecer mais um a observar cada detalhe do cenário, mas seu ponto de vista traz o peso de quem sobreviveu às barbáries. Foram cinco anos dormindo naqueles beliches, caminhando como zumbi por aqueles corredores e usando os deploráveis e fétidos mictórios. Foram cinco anos naquele palco de horrores. Quantas vezes, bem ali, naquele chão rústico, ele acordou imaginando que morreria num forno fumegante?

Mais uma vez, Aleksander foi acometido pela sensação de vergonha por ter sobrevivido. No inconsciente, é como se ele tivesse tido alguma vantagem sobre os outros prisioneiros. No dia da visita, a temperatura beirava os 16 graus negativos. Aleksander vestia um grosso casaco de pele e, ainda assim, batia o queixo de frio.

"A temperatura baixa me chamou muito a atenção nessa viagem. Fiquei imaginando como pude sobreviver na época trajando apenas pijama e tamanco de madeira. E me lembrei das centenas de pessoas que pereceram na neve."

A todo instante, ao longo da visita em Auschwitz, Aleksander tinha motivo para chorar. O fardo emocional era pesado para um homem septuagenário, já debilitado por complicações cardíacas. Porém, com mais uma demonstração de força, ele não se abateu e passou dois dias inteiros dentro do campo de concentração. Só saía para dormir, dessa vez num hotel confortável com toda a infraestrutura que ele merece.

O desafio foi vencido. Aleksander retornou ao Brasil, mas, no ano seguinte, voltou ao antigo campo de concentração. E, em 2006, repetiu a experiência. Convidado a participar de palestras no exterior – ou por conta própria –, ele tem retornado com alguma frequência à Europa, onde dá valiosas explicações a visitantes em Auschwitz. Recentemente, fez amizade com uma família de brasileiros que se impressionou com a coragem do velho Laks.

"Fui ao casamento de jovens daquele grupo, em São Paulo, e me trataram como membro da família. Meu testemunho tem-me trazido amizades preciosas, gente de bem que conheço graças a meu trabalho de campo. Não quero ficar parado dentro de casa. Toda vez que volto de Auschwitz, sou internado por causa do coração. Mas ainda vou viver para ir lá outras vezes."

"O tempo perdido não pode ser recuperado. Sua beleza só pode ser vivida como ausência: a beleza dói... Magia é isto: invocar o que se foi, mas que continua a nos habitar. Ou será poesia?"
– Rubem Alves

Frei Anselmo: uma luz na escuridão

> *"Eu estava a lamentar o que havia perdido e deixei de valorizar e agradecer o que tenho. Agora estou conformada. Muito obrigada."*
> – Moradora de Santa Catarina

> *"Usei meus olhos e minhas mãos para matar, mas estou arrependido. Se eu tivesse conhecido o senhor antes, não teria me tornado um criminoso."*
> – Presidiário de Avaré, SP

Inúmeras são as mensagens vindas de todo o país. Reconhecimento e gratidão por uma experiência humana de construção e transformação. Todas com um só destino. Um homem caridoso, paciente, benevolente e de muita fé, fé em Deus e em si mesmo.

Terça-feira, 11h, Rio de Janeiro

Aproximadamente sessenta pessoas fazem fila no Convento de Santo Antônio, no Centro do Rio. No rosto de cada uma, um desejo, uma angústia, uma história. Mas todas com a mesma certeza: vale a pena ter esperança. A espera pelo atendimento é longa – pode durar horas –, mas ninguém desiste. A demora é recompensada por palavras de conforto e gestos de compreensão, capazes de transformar o dia (e, quem sabe, a vida) dos fiéis. Alguns precisam simplesmente de orientação, para superar crises existenciais. Outros necessitam desesperadamente de um conselho para resgatar o desejo de preservar a própria existência. E ainda há aqueles que querem, apenas, ser ouvidos.

> *"Não há solidão mais triste e pungitiva que a do homem sem amigos. A falta deles faz com que o mundo pareça um deserto. Aquele que é incapaz de amizade tem mais de irracional que de homem."*
> – Francis Bacon

José (nome fictício) é uma dessas vítimas da exclusão social, do abandono familiar ou da falta de perspectiva de realização pessoal.

Entre o abismo que o transformou num suicida em potencial e a escalada para a vontade de viver, existe uma passagem: a porta de madeira maciça do convento, aberta para receber os visitantes. Na ampla sala de audiência, a ansiedade de José destoa da paz reinante. O silêncio e a meia-luz acolhedora convidam à meditação. E é nesse ambiente de harmonia que surge discretamente um homem predestinado, que detém o raro dom de transformar angústia em serenidade, revolta em esperança. Alguém que, por experiência própria, também já precisou reclinar a cabeça num ombro amigo. E que conhece como poucos o valor do altruísmo.

A passos contados – exatos 150 desde os seus aposentos –, chega ao salão de audiência o frei Anselmo Fracasso, 77 anos, 45 de sacerdócio. Vocação manifestada bem cedo, aos 11 anos. Já se passaram mais de seis décadas desde que o menino tímido do município de Balisa, no interior do Rio Grande do Sul, tornou-se coroinha e ficou encantado com a bondade do pároco – frei

Celestino. O garoto – o nono de 11 irmãos (oito meninos e três meninas) – traçou precocemente seu destino: o celibato.

Apesar da indiferença da família, que não percebia o dom do garoto, Anselmo perseverou na decisão de seguir o caminho escolhido. E, aos 13 anos, contrariando todos os prognósticos, deu o primeiro e decisivo passo para a realização de seu ideal: ingressou no Seminário Franciscano de Luzerna, em Santa Catarina. Ele mal sabia o que o destino lhe reservava...

Foram sete anos de estudos. Dois em Luzerna, quatro em Rio Negro (PR) e um em Agudos (SP). Tudo transcorria dentro das expectativas, sem sobressaltos, quando, em 1951, uma fatalidade interrompeu, temporariamente, a trajetória do seminarista, então com 21 anos. O jovem idealista foi acometido por uma doença que provocou cegueira no olho esquerdo. Um processo fulminante. Menos de um mês. Atônito, Anselmo mal podia acreditar... mas a perda da visão era irreversível.

"Seu olho está perdido", disse o oftalmologista, categórico.

"Fiquei em estado de choque, absolutamente atordoado", lembra o frei.

A preocupação era agravada pelo risco de avanço da infecção para o olho direito. Anselmo imaginava que uma eventual cegueira botaria uma pá de cal em todas as suas pretensões de carreira religiosa. Ele nunca ouvira falar de um padre cego no Brasil. E não cogitava que pudesse vir a ser o primeiro.

Anselmo se apressou para fazer tudo que estivesse a seu alcance para não perder a outra vista. Chegou a viajar para Campinas (SP), onde havia um grande centro oftalmológico. E, por dois meses, fez um tratamento rigoroso. Mas a tentativa foi ineficaz.

Em dezembro de 1952, quando Anselmo estava prestes a ingressar na Ordem Franciscana, seu olho direito foi repentinamente afetado pela temida infecção. Desolado, o jovem ainda enfrentou a discriminação dentro da própria Igreja. Foi convocado, secamente, a abandonar o seminário e voltar para a terra natal. A decisão do clero parecia inflexível: um cego não poderia prosseguir em seus estudos e, portanto, não teria a menor chance de ordenação.

"Retroceder na caminhada significava sepultar esperanças e sonhos. Eu chorava sozinho todos os dias e todas as noites. E questionava por que Deus permitira que aquilo acontecesse. Na plenitude da minha dor, eu não conseguia, apesar da fé, perceber os desígnios de Deus para mim."

> *"Uma pessoa, para compreender, tem que se transformar."*
> – Saint Exupéry

Mas a resposta não tardou.

– Não desanime. Se Deus quer você como padre, você será padre, com ou sem visão.

As palavras de incentivo partiram do frei Cipriano Chardong e agiram como bálsamo no momento mais oportuno. Desanimado, Anselmo já estava de malas prontas para voltar ao Rio Grande do Sul, quando, motivado pelo amigo, reacendeu a esperança de ser padre.

> *"Os grandes navegadores devem sua reputação aos temporais e às tempestades."*
> – Epicuro

Na mesma ocasião, outro religioso, um "enviado da Providência Divina" – como diz Anselmo – indicou-lhe um novo caminho, onde havia uma possibilidade, ainda que remota, de cura.

– Você vem comigo para São Paulo. Lá poderá tentar novos tratamentos e, se Deus quiser, recuperar a visão perdida – proferiu o frei Ludovico Gomes de Castro.

Anselmo aceitou corajosamente o desafio: submeter-se a um tratamento doloroso, que incluía cirurgias e injeções nos olhos – "que me faziam ver estrelas em plena luz do dia". Depois de seis meses de sacrifício em sucessivas tentativas de cura, o maior temor foi confirmado: a cegueira era mesmo definitiva.

"Meu mundo desabou. Fiquei sufocado e não conseguia proferir uma só palavra. Passei dias e noites chorando convulsivamente."

Anselmo ainda não sabia. Mas os esforços não haviam sido em vão. Apesar do fracasso no tratamento clínico, a ida a São Paulo havia representado uma oportunidade inestimável de redescoberta da própria capacidade. Ele foi impelido a dar os primeiros passos na adaptação à nova vida. Ou melhor, à escuridão.

– Hoje, você vai andar sozinho até a clínica, sem guia. Espero que tenha aprendido bem o caminho que lhe foi ensinado – determinou, certa vez, frei Ludovico.

O comportamento do padre, aparentemente insensível, foi fundamental para que Anselmo absorvesse, ao longo da viagem, a noção exata da nova realidade.

"Percebi mais tarde que aquela experiência foi um santo remédio para eu me libertar do medo e da insegurança. Criei coragem e aprendi a andar sozinho. Percebi que não poderia esperar que os outros fizessem por mim aquilo que eu mesmo deveria fazer."

Frei Ludovico sabia que a melhor maneira de tratar uma pessoa sem discriminação é, justamente, ter a liberdade de criticar e apontar erros – em vez de concordar com tudo, com pena de contrariá-la. E foi com um "puxão de orelhas" que ele se dirigiu, com firmeza, a Anselmo e reclamou da inércia do amigo:

– Você só perdeu a vista. Mas pode construir sua vida e vencer, usando o que tem, em vez de ficar lamentando o que perdeu.

> *"Quem se senta no fundo do poço para contemplar o céu, há de achá-lo pequeno."*
> – Hom Yu

Anselmo renasceu. E decidiu adaptar-se à cegueira de cabeça erguida. Aprendeu braille, passou a frequentar uma biblioteca que tinha livros para cegos, fez curso de datilografia e foi além: ingressou, por vestibular, na Faculdade de Filosofia da PUC.

"Aos poucos, fui aceitando a cruz da cegueira e me habituando a conviver com ela."

A vida do jovem acadêmico avançava normalmente quando dois eventos reacenderam o velho sonho do sacerdócio, então adormecido. Primeiro, durante uma pesquisa na biblioteca, Anselmo soube que um cego havia sido ordenado na França. "Se ele pôde tornar-se padre, eu também posso." Na mesma ocasião, esteve em São Paulo um dos maiores exemplos de perseverança, luta e superação: Helen Keller. Cega, surda e muda desde bebê, ela conseguiu aprender a ler e escrever, usando o método Braille, e se tornou educadora, filósofa e escritora. Percorreu o mundo fazendo palestras usando a linguagem que aprendeu aos 10 anos. E encantou multidões perplexas com seu incrível poder de realização.* "Se ela, portadora de três deficiências, conseguiu vencer, por que eu, com apenas uma, não poderia também?"

> *"A vida é uma aventura ousada ou nada."*
> – HELEN KELLER

O apelo foi irresistível. Anselmo decidiu voltar ao seminário e recomeçar os estudos religiosos. Mas teria de ser aceito na Ordem Menor Franciscana para fazer o noviciado. Anselmo contava com o apoio de mais um amigo: o frei Heliodoro Muller – que solicitou ao Vaticano o reingresso do jovem no seminário.

"Quando o provincial voltou da viagem à Itália, recebi um novo banho de água fria."

O então padre-geral do Vaticano, frei Agostinho Sepinski, havia sido taxativo (com Muller): "Não é possível. Ele (Anselmo) não tem nenhuma condição de fazer os estudos de filosofia e teologia." Anselmo teve uma grande decepção. Mas já estava vacinado contra a tristeza. Nem de longe a má notícia o demoveu da meta almejada. A porta estava fechada, mas ele poderia abri-la. Ele se lembrava das palavras de Helen Keller:

"A chegada ao topo da montanha não seria tão maravilhosa se não houvesse um vale escuro a transpor e uma encosta íngreme a subir. A grandeza da vitória é proporcional à grandeza do esforço na luta. Quanto maior o esforço na luta, maior a alegria na conquista."

---

* Helen Adams Keller nasceu em 27 de junho de 1880 no Alabama (EUA). Aprendeu a ler e escrever com a professora Anne Sullivan, e essa história foi contada na peça e no filme *O milagre de Anne Sullivan*.

Anselmo fez, por conta própria, todos os estudos necessários para provar aptidão ao reingresso na Ordem. E enviou o resultado ao Vaticano. A persistência valeu a pena. Dessa vez, as autoridades eclesiásticas não puderam negar a qualificação do candidato. Estava tudo no papel. Em 19 de dezembro de 1959, a Ordem Franciscana, em Rodeio (SC), recebeu um novo aluno.

> *"Se voltares as costas à luz, nada mais verás além da tua própria sombra."*
> – Autor desconhecido

Depois de três anos de enriquecimento da formação doutrinária e da espiritualidade, Anselmo pôde comemorar, finalmente, uma data inesquecível: 4 de outubro de 1962. Dia da consagração do sonho de infância. Coroação da perseverança e, como dizia uma canção brasileira, da "arte de sorrir cada vez que o mundo diz não".* Anselmo aprendeu a ignorar a incredulidade alheia. Depois de muitos tropeços e rejeições – enfim, muitos "nãos" –, ele conseguiu recuperar o verniz de sua estrutura emocional. Teve a sorte de encontrar Ludovicos, Ciprianos, Heliodoros. E fez por merecer cada voto de confiança. Anselmo Fracasso contrariou o próprio sobrenome e saboreou um sucesso inédito no Brasil: tornou-se o primeiro cego a ser ordenado padre no país.

---

*Trecho da música "Brincar de Viver", de Guilherme Arantes.

> *"Tem de mirar seus sonhos e desejos sempre para a lua,*
> *pois, se errar, já estará entre as estrelas."*
>
> – ANÔNIMO

"Desde a infância distante e florida
Nos encantos da luz e da cor
Eu sonhava dar a Deus minha vida
Imolado no altar do Senhor

Quando a luz dos meus olhos fugia
Eu gritava implorando a visão
Mas no espaço só trevas existiam
E mais trevas no meu coração

Meu ideal tantas vezes sonhado
De ser padre no altar de Jesus
Me fugiu deste olhar apagado
Que ainda implora um raio de luz

Mão de pai quando fere, consola
E eu bendigo na dor esta mão
De ser padre me deu esta esmola
Transformando a cegueira em clarão

Mão do Céu, desta luz medianeira
Eu convosco agradeço a Jesus
Porque Deus a minha própria cegueira
Transformou num dilúvio de luz."

O poema, escrito pelo padre Luciano Brod, foi um presente para Anselmo no dia da ordenação. Os versos se referem aos desígnios de Deus, sintetizam a trajetória sofrida do seminarista e revelam a beleza de uma transformação: as trevas da escuridão desvanecem numa imensidão de luz e a cegueira, antes tormenta, converte-se em dádiva.

> "O poema é perfeito. Percebi que os olhos do corpo enxergam apenas a aparência. Mas os olhos da alma penetram na essência da vida. Para ver de verdade, é preciso ter fé, amor e sensibilidade. Com a cegueira, deixei de enxergar e passei a ver."

> *"O essencial é invisível aos olhos."*
> – SAINT EXUPÉRY

Frei Anselmo Fracasso tinha um novo desafio pela frente. Padre ele já havia se tornado. Mas precisava definir metas de trabalho. Uma bússola que o guiasse no caminho certo. A decisão foi instintiva: levar sua voz ao maior número possível de pessoas, para que elas pudessem melhorar de vida. Anselmo percebeu que muitos se lamentavam exaustivamente dos problemas sem enxergar o lado bom da existência. Na condição de cego bem-humorado e em paz consigo mesmo, poderia revelar o próprio exemplo como estímulo à superação. E assim foi feito. Aos poucos, ele se tornou um espelho que refletia nos fiéis alegria, serenidade e disposição.

> "No caminho do amor, muitas vezes encontramos uma cruz. Mas podemos crescer no amor. Não há cruz, por mais pesada que seja, que a fé e o amor não tornem leve."

> *"A paz vem de dentro de ti próprio, não a procures à tua volta."*
> – BUDA

Anselmo passou a receber os fiéis no salão do convento. E, mais do que nunca, teve a certeza de que a cegueira física não o impedia de VER. Ele não conhecia o rosto dos visitantes, não enxergava suas reações, não poderia identificar sentimentos pelo olhar de ninguém. Mas sabia exatamente como aquelas pessoas se sentiam e do que precisavam para ressurgir das cinzas. Anselmo percebia a respiração, o ritmo da fala, o tom da voz, as hesitações. E encontrava, para cada irmão (como se refere às pessoas), as palavras certas rumo à paz espiritual. Muitos pensavam em suicídio. Mas, ao fim da audiência, chegavam a sorrir. Não basta ser padre para conseguir isso. Anselmo havia descoberto uma vocação especial. Que se mantém até hoje...

> *"Ninguém sai de perto de mim da mesma forma como chegou. Tenho o compromisso de transformar as pessoas para melhor."*
> – MADRE TERESA DE CALCUTÁ

Durante as sessões, frei Anselmo fica exposto a todo tipo de queixa e lamentação. Impossível não se abalar emocionalmente com o sofrimento alheio. Ele conta que, muitas vezes, sai do salão com a mente carregada pela absorção dos problemas dos outros.

> "É como um psicanalista. Com o passar do tempo, assimila tanto os dramas dos pacientes que ele próprio precisa se consultar com um colega, buscando ajuda terapêutica."

Mas Anselmo desenvolveu uma válvula de escape: a música clássica.

"Chego a meu quarto, deito, ponho uma música instrumental e relaxo. Em vinte minutos, estou reciclado."

O resultado positivo das consultas é sua maior gratificação. Anselmo vibra quando alguém consegue resolver um problema a partir de um aconselhamento. Foi o caso de José (nome fictício), que procurou o frei num momento de desespero. Ele planejava matar a mulher e se suicidar. Depois de uma conversa pausada e de uma oração profunda, José foi para casa bem mais calmo e ciente do valor da vida. Tempos depois, ele não só voltou ao convento, como trouxe a mulher e a filha. Era outro homem. Livre de pensamentos criminosos e disposto a lutar por uma vida melhor, ao lado da família.

"Quando dou atenção e escuto o que as pessoas têm a dizer, elas percebem que não estão sozinhas. Esse tipo de carinho dá a elas um novo fôlego. Fico emocionado ao oferecer amor ao próximo. Isso me faz feliz."

"Aqueles que fazem o bem são os únicos que podem aspirar na vida à felicidade."
– Aristóteles

Anselmo se preparou emocionalmente para escutar os desabafos. Ele ressalta que, tanto na psicanálise quanto nas audiências religiosas, o grande segredo é saber ouvir. Jesus Cristo já incentivava as pessoas a fazerem confissões. Uma forma de purificar a alma e recomeçar com novo ânimo. Mas, no outro lado do confessionário, alguém deve ter calma e equilíbrio para dar a atenção necessária ao fiel. É preciso, antes de tudo, oferecer tempo. A pressa pode pôr tudo a perder. Anselmo nunca se esqueceu do episódio em que, ao se apressar para dar a penitência, uma menina protestou:

– Padre, faz o favor de me escutar... Eu ainda não acabei. Eu quero falar TUDO.

Ironicamente, uma criança o ensinou a ouvir. Anselmo percebeu que o grande segredo é escutar TUDO, até que a pessoa, seja de qualquer idade, sinta-se aliviada dos dramas pessoais, geralmente baseados na CULPA. Segundo ele, muitas pessoas são inseguras porque tiveram uma formação inadequada nos primeiros anos de vida. Os pais (muitas vezes por também terem uma deficiência de formação) pressionam os filhos condenando-os por tudo que acontece de errado a seu redor. As crianças se tornam adultos instáveis, carregados de culpa. E o primeiro passo para a libertação é se dispor a falar.

"Quando elas expressam suas angústias e enfrentam seus fantasmas, aí começa o processo de cura. A religiosidade e a psicologia caminham numa só direção, mas, para as pessoas de fé, a religião oferece algo único: a certeza do perdão. Isso não se encontra em nenhum consultório."

Além das audiências no convento, Anselmo programa visitas em casas e hospitais. Leva conforto a quem não pode se deslocar até a igreja. Às vezes, paga um preço alto na missão: a agressividade de pessoas revoltadas com perdas ou doenças.

– Vá para o inferno, seu padre!

Dessa forma áspera, Anselmo foi barrado na porta de uma enfermaria da Casa de Saúde São José, no Humaitá, Zona Sul do Rio, nos idos de 1975. O paciente era um desembargador da República, inconformado com a perda da visão. Os parentes pedi-

ram ajuda ao frei por causa da agressividade do doente. Depois de ouvir uma saraivada de xingamentos, Anselmo disse calmamente, ainda do lado de fora do quarto:
– O padre é seu colega.
– Nunca vi padre desembargador. Não pense que vai me enganar.
– Eu sou seu colega, não de profissão, mas de cegueira. Também não enxergo.
Silêncio.
A resposta demorou, mas veio sem a rispidez anterior:
– Pois então entre.
Anselmo conhecia o drama daquele homem e estabeleceu uma cumplicidade.

"Nunca se esquecem as lições aprendidas na dor."
– Provérbio africano

A conversa fluiu naturalmente e, dias mais tarde, já sem rancor, aquele homem morreria em paz, na presença de Anselmo.

A valiosa assistência espiritual prestada no convento, nas casas e nos hospitais ainda era pouco para os anseios do frei. Ele queria estender o relacionamento amigável com os fiéis a todo o país. E passou a fazer palestras em vários estados. Das 27 unidades da federação, só não esteve ainda no Acre e em Rondônia. A peregrinação é cansativa, mas proporciona momentos surpreendentes, que ficam para sempre na lembrança. Um dos encontros mais comoventes aconteceu no Instituto de Cegos da Bahia, em Salvador. Depois de uma conferência, o padre foi procurado por uma menina de 5 anos para uma conversa que, segundo ela, deveria ser "particular".

— Você não enxerga nem um pouquinho de luz? – perguntou a pequena Simone.

— Eu não enxergo nem a luz do sol.

— Xi, tem tanta coisa linda no mundo para ver. Eu enxergo com os dois olhos e você não enxerga nada.

Ela pensou um pouco. E cochichou:

— Eu quero dar um olho para você. E daí você fica enxergando com um olho meu e eu fico com o outro.

Com os olhos mais uma vez marejados, Anselmo lembra que chorou abraçado à menina.

> "Esse encontro foi em 1968. Passadas mais de três décadas, ainda me emociono profundamente ao lembrar aquele encontro de ternura e amor. Expliquei a ela que não seria possível fazer a doação, mas que eu estava muito agradecido pelo carinho."

Naquele mesmo ano, Anselmo sentia-se inquieto. Audiências, visitas, palestras. Parecia muito. Mas, para ele, ainda era pouco. O frei queria levar seus pensamentos a um número maior de pessoas. E teve uma inspiração: transcreveria as ideias para o papel. Então se tornou escritor. Ainda em 1968, foi publicado seu primeiro livro: *Amor é vida*. E outros se sucederam, sempre com o mesmo objetivo: a cada edição, alcançar um público amplo, em lugares distantes, dos quais, muitas vezes, ele nunca ouvira falar.

> "Frei Anselmo, acabo de ler seu livro. Você não enxerga e usou a inteligência e as mãos para escrever palavras tão bonitas que ensinam a amar. Eu enxergo e usei meus olhos e minhas mãos para matar. Cresci sem amor. Tornei-me mau. Mas estou arrependido. Se eu tivesse lido o livro antes, não teria me tornado um criminoso. Quero oferecer meus olhos a você. A oferta vem do fundo do meu coração, agora desejoso de fazer o bem."

Essa carta, eternizada na memória afetiva de Anselmo, foi escrita por "H", um assassino, condenado por cinco homicídios, encarcerado na penitenciária de Avaré, no interior paulista. Para o padre, as palavras do detento são como um grito de libertação.

"Sendo compreendido e perdoado, quem erra pode reencontrar o caminho do bem. Devemos confiar e esperar sempre algo de bom, até mesmo dos que são considerados os piores. O mundo precisa acreditar que em todo ser humano existe sempre algo de bom."

"Só há uma maneira de acabar com o mal.
É responder-lhe com o bem."
– Tolstoi

A discussão sobre a origem do bem e do mal no ser humano está longe de chegar a um consenso. Mas, para Anselmo, o homem é "bom por natureza" e se torna mau quando deixa de receber amor.

"Encontremo-nos uns com os outros com um sorriso,
pois o sorriso é o começo do amor."
– Madre Teresa de Calcutá

Perdão. Palavra-chave no universo religioso. Segundo o dicionário, uma "remissão de pena". Simples assim. Mas, para quem perdoa, é mais do que isso. Envolve um esforço, muitas vezes sobre-humano, de abandonar o rancor em nome da compreensão. Em alguns casos, isso só é possível quando se tem uma personalidade talhada para a benevolência. É o caso de Anselmo – um conciliador, que foi posto à prova por ironia do destino.

Água Doce (RS), 1974.

Um velho cego, atormentado por angústias e revoltas, é levado pelo filho até Anselmo, na esperança de consolo e orientação. A conversa é demorada e permeada por confissões. O idoso perdera a visão em consequência de pancadas recebidas na cabeça durante um longo período na prisão, onde cumpriu pena por um crime bárbaro cometido 25 anos antes.

O antigo assassino frio e impetuoso se tornara um homem triste e amargurado, que despertou em Anselmo piedade e compaixão. O perdão foi concedido sem qualquer dificuldade. Mal sabia Anselmo quem era verdadeiramente aquele velho que ele acabara de "inocentar". Ao sair da casa, a surpresa:

– Você acaba de consolar o homem que matou seu pai – disse, chorosa, uma senhora da comunidade.

Anselmo ficou paralisado. Reviveu mentalmente a trajetória da família. Em 1949, ele cursava o seminário de Rio Negro, no Paraná, quando recebeu uma carta sobre o misterioso desaparecimento de seu pai. Foram dois anos de angústia, até que, em 1951, finalmente, os restos mortais foram encontrados, enterrados num terreno próximo à casa da família. Os suspeitos foram presos e confessaram o crime: assalto seguido de assassinato.

Vinte e cinco anos mais tarde, frei Anselmo é convidado a fazer palestras no pequeno município gaúcho, cenário da tragédia que abalou sua família. Anselmo, justamente ele, foi o "escolhido" para dar ao assassino de seu pai alívio de consciência e conforto espiritual. E uma coincidência a mais: ambos estavam cegos.

> *"O destino mistura as cartas e nós jogamos."*
> – ARTHUR SCHOPENHAUER

Anselmo voltou a si, diante do olhar perplexo da moradora. O primeiro ímpeto foi entrar na casa do assassino, dessa vez para vingança. Ele travava uma luta interna do "homem" com o "religioso".

"Eu queria esbofetear o criminoso. Mas me contive. À noite, pedi a Deus que me iluminasse. Eu tinha de perdoá-lo, mas buscava forças para isso. De qualquer forma, o primeiro instante de raiva já havia passado."

> *"Se fores paciente num momento de ira,*
> *escaparás a cem dias de tristeza."*
> – PROVÉRBIO CHINÊS

Foi uma noite de vigília e introspecção. De manhã, exausto e insone, ele já havia tomado a decisão.

"Levantei-me disposto a procurar o criminoso, para a conversa mais difícil da minha vida."

Anselmo encontrou o idoso sentado à soleira da porta, tomando banho de sol. E falou sem rodeios.

"Eu sou filho do homem que o senhor matou."

O susto foi tamanho que o velho começou a tremer e gaguejar. Ele teve medo de vingança. Mas Anselmo o tranquilizou.

"Meu amigo, vim em missão de perdão e de paz. Não vou maltratá-lo. Quero apenas saber como tudo aconteceu."

Só Anselmo sabia o quanto lhe custava manter o equilíbrio para suportar tamanho impacto emocional. Ao perceber que não seria hostilizado, o antigo bandido começou a narrar os acontecimentos do fatídico dia, revelando, inclusive, requintes de crueldade do assassinato.

"Tive ímpetos de estrangular aquele homem... Mas o meu compromisso ali era outro. Fiz uma oração. Há 25 anos, aquele homem empunhou uma faca para matar meu pai e agora eu erguia a mão para dar-lhe o perdão em nome de Deus."

> *"O ódio nunca desaparece, enquanto pensamentos de mágoas forem alimentados na mente. Ele desaparece tão logo esses pensamentos de mágoa forem esquecidos."*
> – SAKYAMUNI

Naquele dia, Anselmo celebrou uma missa especial. O assassino de seu pai ficou sentado no altar.

"Na hora da comunhão, ele foi o primeiro a receber a hóstia. Minha mão tremia, mas consegui dar a ele a fonte de vida, Jesus. Uma profunda paz desceu sobre meu coração."

> *"Ama-me quando eu menos merecer porque será nessa altura que mais necessitarei."*
> – DR. JEKYLL

Depois de vencer a mais difícil provação de sua vida, Anselmo se sentiu fortalecido. E voltou ao Rio para prosseguir nos aconselhamentos.

– Padre, estou desesperada. Perdi a visão de um olho. Que faço agora?

– A senhora enxerga de um olho, mas vive amargurada. Eu, que sou cego, vivo a sorrir e a cantar. Há muitas coisas boas na vida.

– Padre, bandido tem que morrer mesmo.

– E se o bandido fosse seu pai ou sua mãe? Continuaria a pensar assim? A maior riqueza é o amor, e a mais preciosa expressão do amor é o perdão. Jesus é o redentor e veio para nos libertar do pecado.

– Padre, meu filho é um marginal e trilhou o caminho da maldade.

– Ame e persevere no amor, reze e persevere na oração, um dia seu filho será salvo. Deus não tem pressa. Ele nos mandou semear o amor.

> *"A felicidade não está no fim da jornada, e sim em cada curva do caminho que percorremos para encontrá-la."*
> – ANÔNIMO

Hoje, mais de cinco décadas depois da perda da visão, Anselmo não sente saudades do tempo em que enxergava. Ele se orgulha de percorrer uma estrada pavimentada com a devoção ao próximo. Uma abnegação que, talvez, não fosse tão intensa se ele tivesse olhos saudáveis. Em muitos momentos, sua cegueira foi a senha para a salvação dos fiéis. E sempre despertou o carinho de uma geração que prima pela espontaneidade e sinceridade: as crianças. Em 2006, quase quatro décadas depois do episódio comovente da pequena Simone, Anselmo voltou a viver experiência semelhante, agora no próprio mosteiro de Santo Antônio. Dessa vez, com a menina Sara, de 7 anos. Depois da missa, ela pediu aos pais para conversar, "sozinha", com o frei. E lhe ofereceu um dos olhos.

– Não conta nada pra ninguém, mas quero dar um olho pro senhor.

Emocionado, Anselmo explicou cuidadosamente que isso não seria possível e prometeu guardar segredo. Mas, dessa vez, guardou o telefone de contato da família. Um dia, pretende reencontrar a jovem e, quem sabe, rir da oferta ingênua.

"Mesmo que eu pudesse, não gostaria de voltar a enxergar. Construí meu mundo sobre os destroços da cegueira. A verdadeira luz é aquela que vem de Deus e que nos ilumina por dentro. É esta luz que nos indica o real sentido da vida presente. Um pálido reflexo de uma aurora que anuncia o resplendor de um eterno dia."

"Concedei-nos, Senhor, a serenidade necessária para aceitar as coisas que não podemos modificar, coragem para modificar aquelas que podemos e sabedoria para distinguirmos umas das outras."

– Autor desconhecido

Aparecida: os doentes como uma nova família

Foi um susto geral! O que será que deu na Aparecida?
Ninguém acreditava no que estava vendo...
Ninguém aceitava o que estava ouvindo...
De onde Aparecida havia tirado aquela ideia insana?

"Vou ficar aqui com os doentes porque eles só têm a Deus e a mim."

Aparecida Conceição Ferreira comunicou a decisão à família, categoricamente. E começou a providenciar acomodação para os hóspedes.

Era 8 de outubro de 1958. A auxiliar de enfermagem, 42 anos, moradora de Uberaba (MG), chegou em casa acompanhada de 12 pacientes portadores do pênfigo foliáceo, doença conhecida popularmente como fogo selvagem. Os doentes haviam sido expulsos do pavilhão de isolamento da Santa Casa de Misericórdia, sob a alegação de que o tratamento era longo e dispendioso.

Enfurecida pela atitude da direção do hospital, que ela considerou "tirana e perversa", Aparecida não hesitou: embora precisasse do emprego para ajudar no sustento da família, pediu demissão. E saiu pelo portão da Santa Casa junto com os pacientes – ou, como ela chamava, "irmãos em humanidade". Na calçada, não sabia se ia para a esquerda ou para a direita. Mas tinha uma certeza: arrumaria abrigo para o grupo ainda naquela noite. Dinheiro? Nenhum. Eles só possuíam a roupa do corpo. Mas tinham esperança.

O grupo perambulou pela cidade, de casa em casa, mas o aspecto repugnante causado pela doença – que provoca manchas na pele em forma de labaredas (daí o nome "fogo selvagem") – assustava as pessoas. Elas pensavam que a moléstia fosse contagiosa – um equívoco. A ojeriza aumentava quando percebiam o rastro de sangue deixado pelos doentes nas calçadas em consequência das rachaduras nos pés.

"A sensação é terrível. O penfigoso sofre demais. Arde. Dói. Queima. E ele ainda enfrenta os olhares de preconceito do povo."

O desprezo da população combalia ainda mais a baixa autoestima dos pacientes, que sempre evitavam se olhar no espelho. Além da dor física, eles sofriam com a perda de amor-próprio, já que precisavam mendigar por caridade de porta em porta. A cada negativa, a cada evasiva, um balde de água fria na esperança de acolhida. Mas, por outro lado, eles tinham uma ferrenha aliada. A cada recusa, Aparecida amadurecia a convicção de proteger os doentes do fogo selvagem.

"O amor só começa a se desenvolver quando amamos aqueles de que não necessitamos para nossos fins pessoais."
– E. Fromm

"Naquele momento, eles dependiam exclusivamente do meu apoio. Ninguém fez nada por eles."

Aparecida fez. E pagou um preço alto por isso.

– Mamãe, ou eles ou eu! – esbravejou uma das filhas.

A resposta foi seca.

– A porta está ali – apontou a mãe.

Dos sete filhos, três foram embora. E nem mesmo o marido foi condescendente. Saiu logo de casa. Na cidade, não se falava de outra coisa: um absurdo ou um ato de coragem?

"Eu amava minha família, mas não podia permitir que ela impedisse meu gesto de humanidade. Queria que todos fossem solidários como eu, que tivessem os valores que prezo. Mas isso não foi possível. Por isso, tive de sacrificar uma parte da minha relação pessoal em nome do meu caráter e da minha determinação em fazer justiça."

Os 12 doentes permaneceram por quatro dias na casa de Aparecida, até que, finalmente, uma pessoa solidária acenou com uma ajuda oportuna. Alugou um barracão nas proximidades para abrigar os pacientes. Eles ficaram ali por mais quatro dias, até que as autoridades municipais, pressionadas pela opinião pública, providenciaram instalações mais apropriadas para o grupo, num pavilhão do Asilo São Vicente de Paula. Os remédios eram obtidos a partir de doações.

Aparecida se sentia cada vez mais responsável pelo bem-estar dos doentes. Por isso, tomou mais uma decisão extravagante.

"Vou morar com os meus doentes no hospital."

> *"Adormeci e sonhei que a vida era alegria. Despertei e vi que a vida era serviço. Servi e vi que serviço era alegria."*
>
> – TAGORE

A princípio, eles permaneceriam ali por dez dias. Mas a procura por assistência era crescente, já que Uberaba era conhecida nacionalmente como centro de referência no tratamento do pênfigo foliáceo. Doentes chegavam de várias partes do Brasil, e já não encontravam acolhimento na Santa Casa. O destino natural passou a ser o pavilhão de Dona Aparecida. Com isso, o atendimento improvisado teve de ser prorrogado sucessivamente. E acabaria se estendendo por dez anos.

O sonho de Aparecida era fundar uma instituição em que a assistência fosse permanente, sem o fantasma do medo de despejo. Em 1961, o número de pacientes já havia aumentado em 14 vezes. Era uma escalada meteórica. Em 1958, 26 doentes. Em 1959, 43. Em 1960, já se contavam 187. E, em 1961, atingiu a assustadora marca de 363.

O Hospital do Pênfigo Foliáceo, que já existia de fato desde 30 de agosto de 1957, passou a ter estatuto, registrado por direito, em 19 de abril de 1960. Foi legalizado. Mas tinha um grave problema: faltava espaço. A solução seria a construção de uma sede própria, com aposentos adequados para o tratamento dos enfermos. O primeiro passo foi um esforço coletivo para arrecadar dinheiro para a compra de um terreno. A área disponível, nas imediações do asilo, no bairro Alto da Abadia, custava Cr$ 300 mil. Funcionários do hospital, amigos e simpatizantes saíram em campo pedindo doações de porta em porta.

Apesar do cansaço provocado pelo pênfigo, vários doentes colaboraram na peregrinação pela cidade em busca de auxílio. Alguns se locomoviam em cadeiras de rodas, para evitar o sacrifício da caminhada. A cada cruzeiro recebido, uma nova injeção de ânimo. Até que, finalmente, o alívio. A meta havia sido alcançada. E a pedra fundamental foi lançada em 2 de fevereiro de 1962. Eles só não podiam imaginar que todo aquele esforço seria em vão...

Durante todo o período em que voluntários e pacientes se desdobravam para sensibilizar a população e encher o cofrinho, um integrante da própria equipe do hospital arquitetava uma maneira de roubar o dinheiro coletado.

"Ele fingiu ser dono do terreno que pretendíamos comprar. Entreguei o dinheiro na mão dele e, por confiar na sua amizade, nem pedi recibo. Mais tarde, quando ocupamos a área, fui ameaçada de responder a processo na justiça por invasão de propriedade particular. O verdadeiro dono havia aparecido."

O golpe contra Aparecida teve consequências desastrosas. Em Uberaba, já não seria mais possível fazer uma campanha de arrecadação. Não havia provas de que o dinheiro doado pelos moradores havia sido roubado. E um novo apelo poderia gerar desconfiança e minar a credibilidade da instituição. Aparecida tinha a sensação de que os projetos cairiam por terra. Desnorteada, ela não sabia a quem recorrer. Foram dias de aflição, até que teve uma ideia: procurar o homem de maior prestígio da cidade, que já vinha obtendo reconhecimento em todo o país: Francisco Cândido Xavier, ou Chico Xavier.

O encontro foi revigorante. A energia positiva e o jeito conciliador do médium mineiro transmitiram tranquilidade e confiança. Ele mostrou que os obstáculos não podem representar impedimento à realização de sonhos. É preciso ter persistência e iniciativa.

> *"O pessimista queixa-se do vento, o otimista espera que ele mude e o realista ajusta as velas."*
> – William George Ward

Chico Xavier deu uma orientação valiosa: Aparecida deveria procurar um corretor de imóveis, que a encaminharia ao verdadeiro dono do terreno. Ela seguiu o conselho e teve a chance de um encontro com o proprietário. Ele pediu 270 mil cruzeiros pelo imóvel. O pagamento poderia ser parcelado. Aparecida cogitou a possibilidade de viajar até São Paulo para levantar a quantia exigida. Para isso, estenderia a mão em praça pública. Mas, antes, resolveu consultar mais uma vez o espírita – agora amigo – Chico Xavier.

– Desejo ir a São Paulo porque, segundo dizem, lá é só pedir que o povo dá.

– Mas você conhece São Paulo?

– Não. Só sei que fica pra lá – respondeu, indicando a direção.

Chico ficou admirado com a coragem daquela mulher, disposta a viajar para uma cidade desconhecida, a fim de suplicar por ajuda. Ele achou que seria mais seguro dar a ela, pelo menos, algum contato na capital paulista. E lhe entregou um cartão para que ela procurasse o radialista Moacir Jorge, que, segundo ele, poderia oferecer grande préstimo.

Na plataforma de embarque, Aparecida demonstrava ansiedade. Pediu a proteção de Deus e entrou no ônibus. Tensa, mas confiante. Em São Paulo, o cartão de recomendação do médium abriu as portas. A receptividade foi calorosa. O dono dos Diários Associados, Assis Chateaubriand, fez questão de buscá-la na porta da empresa.

– Nega, esta casa é sua.

A partir de então, uma campanha para a arrecadação de dinheiro foi desencadeada em todos os veículos de comunicação do grupo. A iniciativa foi um sucesso. Em pouco tempo, já havia em caixa mais do que o dobro do valor necessário para a compra do terreno: Cr$ 720 mil. Ela voltou para Uberaba, exultante, dominada pela ansiedade. Pagaria pelo terreno à vista e ainda teria uma boa sobra para a aquisição do material de construção.

Aparecida queria começar as obras "já pra ontem". Mas a precipitação seria um risco. E Chico Xavier, pressentindo que algo pudesse sair errado, fez um alerta:

– Virá muita tempestade. Ainda não é o momento. Aguardemos a hora para iniciar a construção.

Aparecida estava tão entusiasmada que fez "ouvidos de mercador". E, de uma só vez, comprou 22 mil tijolos. Mas nem sequer teve tempo de saborear a conquista. Já na mesma semana, emprestou todo o lote a uma pessoa supostamente amiga que prometeu devolvê-lo em curto prazo. Aparecida acabava de ser enganada pela segunda vez. Ela jamais voltaria a ver a cor daqueles tijolos. Chico Xavier estava certo.

Ressabiada, Aparecida decidiu aguardar pelo sinal favorável do médium antes de dar qualquer passo. Ele visitava frequentemente o asilo. E, para desgosto da coordenadora, nunca indicava o momento oportuno para o início das obras. Em contrapartida, Chico sempre deixava donativos e apresentava novos conhecidos dispostos a contribuir para a instituição. Embora ainda não acreditasse no espiritismo, Aparecida admirava profundamente a figura carismática de Chico Xavier. E, desde o primeiro contato, pressentia estar diante de alguém especial, que o tempo se incumbiria de revelar um eterno companheiro e conselheiro nas horas incertas. Chico e Aparecida tinham afinidades na grandeza dos trabalhos beneficentes que os elevaram à condição de pessoas ímpares, iluminadas. Os dois eram simples e de pouca instrução acadêmica, mas sempre dispostos a viver em função do bem-estar alheio.

> *"Todas as pessoas podem ser grandes porque todas podem servir. Não é preciso ter um diploma universitário para servir. Não é preciso concordar o sujeito, o verbo, para servir. Bastam um coração cheio de graça, uma alma gerada pelo amor."*
> – Martin Luther King

Aparecida se impressionava com o fato de Chico sempre aparecer com o auxílio necessário nas horas de maior aperto, sem que ninguém o tivesse comunicado. Um dos episódios mais intrigantes foi quando, ao ser cobrada por uma dívida com o fornecedor de óleo de cozinha, Aparecida não podia honrar o compromisso e, inexplicavelmente, Chico Xavier chegou com o dinheiro suficiente para quitar o débito.

Em outra ocasião, Aparecida necessitava urgentemente de roupas e calçados para os pacientes. Ela mesma já passara a andar descalça. Usava os recursos em benefício coletivo, em detrimento do próprio bem-estar. Mesmo assim, os pacientes só dispunham de uma muda de roupa. A penúria era tanta que, depois do banho, eles ficavam nus no dormitório enquanto as vestes secavam. Surpreendentemente, sem ter sido avisado dessa carência, Chico Xavier apareceu com dois conjuntos de roupas para cada enfermo, além de lençóis, fronhas e toalhas de banho. E Aparecida também foi contemplada com três vestidos e um par de sapatos.

Chico sempre foi portador de boas notícias. No entanto, a mais aguardada chegou em 1962. Finalmente, o sinal verde:

– Você pode pôr os ovos para chocar que agora saem os pintinhos. Não espere pelo poder público. O povo de São Paulo é que vai ajudar.

Aparecida não pestanejou. O rumo: São Paulo, a "capital das oportunidades". Dessa vez, resolveu viajar por conta própria e sem qualquer cartão de recomendação. Obstinada, apostou simplesmente na força humanitária da população. E se estabeleceu no Viaduto do Chá para pedir esmolas. Chegara o momento de comprovar a tese que ela havia defendido, numa das conversas com Chico Xavier.

"Em São Paulo, é só pedir que o povo dá."

Dia e noite, ela estendia as mãos apelando por caridade. Aparecida clamava pela solidariedade dos pedestres, explicando as dificuldades vividas pelo Hospital do Pênfigo (nome popular dado ao Lar da Caridade, onde os pacientes eram abrigados). Ela deixava claro qual seria o destino dos donativos. Mas, apesar da riqueza de detalhes sobre o projeto social, nem todos se convenciam da veracidade da causa. E, certo dia, ao estender as mãos, em vez de ajuda financeira, recebeu um par de algemas nos pulsos.

– A senhora está presa.

Acusação: mendigar em nome de entidade fictícia.

Foram oito dias na cadeia. E insistentes tentativas de convencer as autoridades sobre a legitimidade do Lar da Caridade. Se, na primeira viagem a São Paulo, Aparecida fora tratada com respeito e consideração, agora era vista como uma farsante e exploradora da bondade alheia. Ela se sentia moralmente ferida e injustiçada. Mas sua espiritualidade alavancou sua disposição de provar a inocência. E, finalmente, ela conseguiu o direito de defesa. Um alvará de liberdade condicional permitiu que voltasse a Uberaba para buscar documentos que atestassem a existência da instituição.

Ao chegar à cidade e relatar o ocorrido, Aparecida conseguiu das autoridades locais todos os atestados necessários. Representantes da Prefeitura, Câmara Municipal, Vara de Justiça e Delegacia se apressaram em providenciar o reconhecimento da entidade. E mais: indignados com a injustiça cometida pela polícia paulista, líderes de associações de classe e grupos comunitários uberabenses escreveram cartas de solidariedade, elogiando o trabalho desenvolvido no Hospital do Pênfigo. Foram setenta documentos.

Munida de farto material, Aparecida retornou a São Paulo, confiante de que teria o prazer de ver as autoridades se redimirem da falsa acusação. Mera ilusão. Mesmo diante de tantas provas, a justiça não desistiu de processá-la. Havia a suspeita de que o grande número de documentos, recolhidos em tão pouco tempo, indicassem favorecimento político. Com isso, uma ação judicial impediu que Aparecida prosseguisse na tentativa de arrecadar dinheiro. Ela foi proibida de fazer qualquer campanha em São Paulo. Sem alternativa, voltou para Uberaba.

> *"À beira de um precipício, só há uma maneira de andar para a frente. É dar um passo para trás."*
> – M. DE MONTAIGNE

Esse aparente retrocesso trouxe, na verdade, um grande benefício. Sensibilizada pela humilhação sofrida por Aparecida na capital paulista, a comunidade uberabense a saudou efusivamente. Como diz o velho ditado: "Há males que vêm para o bem." O hospital passou a receber visitas de simpatizantes, que forneceram donativos para a obra: tábuas de madeira, encanamentos, portas, telhas e vidros. Até mesmo empresários paulistas, que tomaram conhecimento do caso, fizeram doações expressivas.

Algumas pessoas ficaram tão comovidas com a luta dos voluntários do hospital que abriram mão de objetos de valor sentimental para colaborar com a causa do pênfigo. A cantora Amélia Rocha, que havia recebido o primeiro disco de ouro de sua carreira, sonho de todo artista, rifou o prêmio em benefício dos doentes. E, com isso, bancou todo o material elétrico do empreendimento. Cada gesto de solidariedade simbolizava mais um avanço na concretização do sonho construído, não apenas em argamassa e tijolos, mas também à base de fé e perseverança.

"Tenho a graça de Deus e as pessoas amigas. Mais do que qualquer bem material, essas são minhas verdadeiras riquezas, dia e noite."

Alguns amigos, por sinal, surgiram de forma atribulada. Até hoje, Aparecida conta com orgulho sobre a chegada de um oficial, enviado pela Justiça de São Paulo, ao Hospital do Pênfigo. A tarefa do agente Waldemar Nunes era averiguar a legalidade da instituição. O ar de desconfiança revelado na entrada do abrigo se transformou, rapidamente, em semblante de admiração. O homem que poderia ser o algoz da entidade se tornou testemunha da importância do trabalho voluntário. E passou a ser um dos maiores benfeitores da casa, até falecer, em 1968.

Em 24 de agosto de 1969, depois de sucessivos altos e baixos, idas e vindas, e muito esforço coletivo, o hospital finalmente foi inaugurado oficialmente. Os olhos de Aparecida brilhavam. Ela acompanhou, tijolo por tijolo, cada etapa da obra, sempre com espírito empreendedor. E agora contemplava com orgulho o resultado de tanto empenho. Mas era preciso avançar: a instituição só tinha autorização para cuidar de doentes. E, na prática, também abrigava pessoas que já haviam sido curadas. Muitas vezes, os pacientes perdiam o contato com as famílias (que os rejeitavam). Em outros casos, sentiam-se inseguros para sair do hospital porque eram discriminados socialmente. Era urgente mudar o estatuto da entidade para que Aparecida pudesse, legalmente, manter todos nos aposentos. Em 29 de maio de 1971 ela obteve mais essa conquista: o hospital passou a ser chamado Lar da Caridade, com registro oficial para "prestar assistência a desamparados em geral". Aparecida tinha 56 anos. E mantinha energia e pulso suficientes para assumir o controle da instituição. Nada escapava ao estilo centralizador de comando, que persiste até hoje. Pacientes e funcionários seguem uma rígida rotina de horários e tarefas. Todos têm responsabilidade na manutenção da casa e conhecem seus direitos e, principalmente, seus deveres. Até mesmo os doentes participam ativamente da arrumação. Ninguém se levanta e deixa a cama por fazer. O dia começa cedo. Às 4h, todos devem estar de pé para entrar na fila do banho.

> "Eles acham ruim, mas não se come só o que se gosta", afirma Aparecida, sem deixar margem para contestação.

Depois do banho, os pacientes recebem na pele um creme especial para o tratamento do fogo selvagem. Às 6h, o grupo se reúne no refeitório para as orações e o café da manhã. E seguem para as atividades do dia. Os serviços são distribuídos conforme a capacidade física do doente. E funcionam também como terapia. Uma simples tarefa doméstica, como estender uma roupa no varal, pode trazer benefícios gigantescos, pois, além de expor o paciente ao sol, exige o movimento de braços, pernas e pés. Assim, provoca uma reação geral do organismo, facilitando o exercício da respiração. Outra atividade comum é a limpeza dos cômodos e a varredura do quintal.

Além de prezar pela melhoria da saúde, Aparecida sempre se preocupou com a integração social e a formação educacional dos pacientes. Ela os incentivava a frequentar a escola pública do bairro. Mas os doentes vinham sendo discriminados pelos colegas de turma, que tinham medo de contágio. Havia até casos de transferência de estudantes porque os pais não aceitavam o convívio dos filhos com os portadores do pênfigo. Ciente do problema, Aparecida decidiu fazer um acordo com a direção da escola para a implantação de um núcleo no próprio hospital. Depois de providenciar os trâmites legais, as aulas começaram em 24 de outubro de 1972.

A pequena filial do colégio fez tanto sucesso que, ironicamente, passou a ser procurada pela comunidade – que outrora ficava à distância dos doentes. A convivência com os pacientes se tornou uma rotina e desmistificou a ideia do risco de contaminação. Mais um ponto para Aparecida.

Além de investir na educação, ela também criou oficinas de profissionalização: bordado, confecção de roupas, corte e costura, serralheria, panificação, reciclagem e industrialização de plástico, torno, datilografia e marcenaria. Cada paciente escolhe o ramo em que tenha maior aptidão. Eles também desenvolvem atividades agropecuárias numa fazenda nas proximidades: horticultura, plantio de frutas e cereais, criação de bovinos, suínos e peixes.

Todas as atividades na cidade ou no campo têm múltiplas funções: socialização, profissionalização e terapia ocupacional. O desempenho dos alunos tem sido tão positivo que as oficinas, que no início geravam despesas, passaram a ser autossuficientes com a venda dos artigos produzidos. Um dos melhores exemplos é a reciclagem de plástico. Materiais que eram jogados no lixo, como copos e garrafas, se transformam em matéria-prima para a manufatura de pratos, mangueiras e sacos para lixo, além de granulados de polietileno, vendidos para indústrias especializadas.

Todo esse dinamismo se tornou peça-chave para a manutenção da casa. Uma fonte de renda importante para a ampliação do atendimento, ainda que de forma improvisada. Até porque Aparecida nunca se recusou a acolher qualquer pessoa que necessitasse de ajuda.

Embora o hospital tenha capacidade limitada de assistência, nenhum doente é barrado.

"A casa é pequena, tem vaga para quarenta pessoas. Mas, quando o doente aparece na porta, se está ruim a gente põe pra dentro, se não tiver lugar a gente aperta, dá um jeito. Se não está tão ruim, a gente dá remédio, receita e ele vai embora, já tratado."

"Só uma vida dedicada aos outros merece ser vivida."
– Einstein

Embora seja especializado no tratamento do pênfigo foliáceo, o lar também recebe vítimas de doenças mentais.

"Não deixamos ninguém na rua. Se não tiver um teto nem família, a gente arruma um canto."

O caso mais emblemático é o de José, que chegou ao hospital na década de 1950. Ele tem problemas mentais e só anda para trás, tateando as paredes. José não conversa com ninguém, vive num mundo particular, mas se tornou uma figura folclórica na entidade. Concretamente, não tem nada a oferecer em troca da assistência recebida. Não tem noção do que ele próprio representa. É incapaz de reconhecer um gesto de solidariedade. Mas, para Aparecida, isso é o que menos importa. José é patrimônio humano da instituição. Um símbolo de tudo que foi construído no Lar da Caridade.

"José é um ser humano. E isso é o que basta para ter grande valor e merecer carinho e atenção."

A maioria dos pacientes, porém, tem plena consciência da importância da existência de Aparecida. Muitos não poupam esforços para destinar a ela a gratidão merecida. Ricardo da Silva, nascido no Recife (PE), é um exemplo. Ele chegou aos 5 anos ao abrigo.

Estudou, participou de oficinas e se tornou um dos mais ativos trabalhadores dentro do lar.

– Pelo que a avó fez por mim, eu tenho que ajudar na manutenção do hospital, no bem-estar dos pacientes – disse ele, que só deixou a instituição depois de atingir a maioridade. Antes de ir embora, Ricardo consultou Aparecida. Ele só partiu para uma vida própria depois do consentimento – e até do estímulo – da "avó". Estava pronto para os desafios. Aprendeu a fazer sapatos na oficina do hospital e, por isso, teria chance de começar uma nova vida com perspectivas de emprego e realização. Deu certo. Foi contratado numa fábrica do ramo.

Assim como Ricardo, muitas pessoas se referem a Aparecida como um porto seguro, alguém a quem se pode recorrer em qualquer momento, com a certeza de uma boa acolhida. São muitos os gestos e as palavras de agradecimento. Mas Aparecida dispensa os elogios. E jamais alardeia seus feitos.

"Não tomo atitudes para obter reconhecimento. Elas seriam ilegítimas. Faço o que acho certo, me sinto bem em ver as pessoas mais felizes. Ninguém precisa me agradecer por isso."

"O verdadeiro mérito é como o rio.
Quanto mais profundo, menos ruído faz."
– HALIFAX

A passos curtos, a senhora negra, de baixa estatura, apelidada carinhosamente de "mãe dos enfermos", caminha pelo pátio da instituição. Anda devagar, mas vai sempre longe... Incansável, ela nunca relaxa na busca de novos desafios, para melhorar a qualidade de vida das pessoas que a cercam. Uma batalha eterna...

"Todos têm direito a uma chance de ser feliz. Faço o que posso para isso. E assim será até o fim de minha vida."

> *"Há homens que lutam um dia e são bons, há outros que lutam um ano e são melhores, há os que lutam muitos anos e são muito bons, mas há os que lutam por toda a vida e estes são imprescindíveis."*
> – BERTOLD BRECHT

Cléa e João, filha desaparecia política

"Não me levanto para policial nenhum."

Seis palavras que expressaram um ato raro de coragem e representaram uma sentença de morte. A condenada: Sônia Maria de Moraes Angel Jones, 23 anos, brasileira, revoltada com o sistema político opressor vigente no Brasil nos anos 1970.

Seis palavras que demonstraram a rebeldia da estudante de economia e se tornaram senha para o sofrimento da família. Para sua mãe, Cléa Lopes Moraes, foi o ponto de partida para décadas de dor, angústia e medo.

Rio de Janeiro, Estado da Guanabara, 1º de maio de 1969. Ditadura militar. Estudantes distribuíam panfletos políticos na Praça Tiradentes, no Centro, quando foram presos por policiais do Dops – Departamento de Ordem Política e Social –, o órgão de repressão oficial. Sônia era uma atuante mentora do grupo. E, na cadeia, protagonizou o episódio que expunha sua ojeriza ao regime autoritário brasileiro. Durante uma inspeção, feita pelo secretário de Segurança da Guanabara, general Luís França Oliveira, todas as detentas, sentadas em círculo, deveriam levantar-se ao sinal do carcereiro, para homenagear a autoridade. Elas teriam de ficar de pé e em posição de sentido. Todas cumpriram a ordem. Menos Sônia Maria. Para ela, curvar-se diante daquele homem significaria sujeitar-se ao regime. Friamente, ficou sentada, impassível. Repreendida, não esboçou temor. E ousadamente respondeu:

"Não me levanto para policial nenhum."

A reação inesperada da prisioneira constrangeu a comitiva militar. E, para amenizar o mal-estar, todas as detentas foram obrigadas a se sentar. Para a família de Sônia, a história viria a provar, mais tarde, que, a partir daquele atrevimento, a jovem teve sua "sentença de morte" decretada. Mas para Sônia foi uma batalha moral contra o inimigo institucional. Ela defendia a liberdade do povo acima de tudo – até mesmo de sua própria vida.

"Vivemos momentos de grande angústia por causa da determinação da Sônia em prosseguir naquela luta de vida ou morte. Ela abriu mão de tudo pelo idealismo."

"Coragem é resistência ao medo, domínio do medo, e não ausência do medo."
– MARK TWAIN

Durante o período da primeira prisão de Sônia, Cléa e o marido João Luiz de Moraes, que ironicamente era tenente-coronel do Exército, não tiveram um só instante de sossego. Viviam sobressaltados pelo risco de receber, a qualquer momento, uma notícia trágica.

Eles eram donos de um colégio na Gávea, Zona Sul do Rio, onde trabalhavam das 7h às 18h. Mas conseguiam sair do serviço três vezes por dia para ver a filha no presídio feminino São Judas Tadeu, no Dops, na Rua da Relação, no Centro. Levavam café da manhã, almoço e jantar. A visita mais importante era a noturna. Cléa e João tentavam, com sua presença, até altas horas da madrugada, impedir que a filha fosse levada da cela para as casas de tortura – prática comum na ditadura. A transferência clandestina costumava ser realizada à noite – informação que, segundo Cléa, fora dada por um primo, militar da ativa. Para entrar na cadeia, o casal contava com o apoio do carcereiro Oswaldo. Ele sabia que João Moraes era oficial do Exército. E, talvez por nutrir certo respeito (ou temor) pela classe, facilitava o acesso do casal à cela e dava informações sobre o movimento na cadeia.

Revelações que, àquela altura, eram preciosas, pois poderiam significar vida ou morte. Uma aterradora advertência já havia sido feita a João Moraes dentro da própria caserna.

– Moraes, se tua filha conseguir sair da prisão, não a deixe aparecer nunca mais, pois vão matá-la – disse, sem rodeios, um colega de farda.

Sônia permaneceu encarcerada de 1º de maio a 6 de agosto de 1969. E foi absolvida em julgamento no Tribunal Militar.

> *"A natureza concedeu aos grandes homens a faculdade de fazer,*
> *e aos outros, a de julgar."*
> – Vauvenargues

Ao sair da cadeia, Sônia se viu em uma situação dúbia. Tinha liberdade de direito. Mas não de fato. E sabia que jamais seria livre enquanto perdurasse o regime militar. Por isso, cedeu à pressão dos pais e da própria organização à qual era filiada – o Movimento Revolucionário Oito de Outubro (MR-8) – e se enclausurou em casa, numa espécie de exílio doméstico. Era uma saída de cena estratégica e temporária, até que os ânimos arrefecessem.

Mas a inatividade era aflitiva. Sônia detestava ficar no ócio. Emagreceu, ficou deprimida e passou a se sentir culpada por não estar ao lado dos companheiros na linha de frente. Além disso, temia pela segurança dos pais, porque sabia que a qualquer momento o Exército poderia bater à porta.

"Papai, os militares virão me buscar, mais cedo ou mais tarde. Eles não ficaram satisfeitos com meu julgamento e não me perdoarão jamais."

A ameaça permanente atemorizava a família. Ciente do processo de repressão adotado pelo Exército, João só via uma alternativa para preservar a integridade física da filha: o exílio no exterior. Em qualquer ponto do território nacional, ela poderia ser capturada.

Sônia resistia veementemente à ideia e desejava sair da casa dos pais para reencontrar o marido, Stuart Angel,* que também era guerrilheiro. Stuart foi um dos mais ferrenhos opositores à tirania militar. E estava casado com Sônia desde outubro de 1968. Eles haviam se conhecido na Faculdade de Economia e tinham um perfil cultural e intelectual semelhante. Ambos eram poliglotas, gostavam de música e arte, e comungavam da ideia de defesa da justiça social. Os dois militavam pela mesma causa e tinham consciência dos riscos que corriam.

---

* Stuart Angel – Militante do grupo guerrilheiro revolucionário MR-8, que lutava contra a ditadura militar no Brasil. Nascido em 11/01/46, na Bahia, foi morto em 14/06/71. Era filho da estilista Zuzu Angel, que denunciou o assassinato do filho e morreu num acidente de trânsito, em circunstâncias não esclarecidas (suspeita-se de assassinato), em 14/04/76.

Tantas afinidades poderiam, em outras circunstâncias, proporcionar um relacionamento amoroso pleno e duradouro. Mas, àquela altura, não havia espaço para romance. Embora sentisse saudades da mulher, Stuart não titubeou em apoiar os sogros na tentativa de levar Sônia para fora do Brasil. Ele conhecia a mão pesada do regime e sabia que só o exílio poderia mantê-la viva. A família bateu o martelo: Sônia seria convencida a passar um período na França.

"Ou nós encontramos um caminho, ou abrimos um."
– ANÍBAL

Uma viagem sigilosa, de alto risco, e que, para ser bem-sucedida, dependeria da participação efetiva de João Moraes. Pela primeira vez, o militar desafiaria seus superiores. E, se fosse descoberto, certamente seria punido por grave insubordinação. Na condição de pai, o coronel deixou a patente em segundo plano e pôs o pé na estrada, numa viagem repleta de sobressaltos, que poderia culminar até mesmo em sua prisão. Ele agia com discrição por causa da patente, mas jamais questionou a validade da empreitada. No fundo, nutria certa simpatia pelos rebeldes.

A estratégia para a viagem foi traçada cuidadosamente. João, a irmã dele, Edy, e Sônia iriam por terra até o Paraguai, onde a jovem embarcaria num avião para Paris.

Na época, equipes do Exército, da Marinha e da Aeronáutica estavam mobilizadas com o intuito de capturar o capitão Carlos Lamarca.* E a vigilância era intensa em todas as frontei-

---

* Carlos Lamarca – Ex-militar do Exército, que desertou e se tornou guerrilheiro comunista, integrante da Vanguarda Popular Revolucionária e do MR-8. Foi executado por tropas do Exército em 17/09/71, no agreste baiano.

ras. Para piorar a situação, a expectativa de chegada ao Paraguai era uma incógnita, já que o país vizinho também vivia uma ditadura cruel.*

A viagem tinha de ser feita pelas estradas vicinais do interior do país, evitando-se as grandes rodovias, que estavam policiadas. O percurso era exaustivo, mas finalmente os três conseguiram transpor a fronteira. Depois de 48 horas de sacrifício, já quase na reta final, a vinte minutos da capital Assunção, ocorreu um grave acidente. A 130km/h, a velha Variant se espatifou contra um barranco quando o motorista – contratado de uma agência de turismo paraguaia – desviou de um cavalo.

Sônia e Edy ficaram levemente feridas, no banco traseiro. Mas João, com o impacto, foi projetado para frente e sua cabeça atravessou o para-brisa. Além do ferimento no rosto, ele teve a décima segunda vértebra esmigalhada. Perdeu muito sangue e ficou em estado de choque.

O motorista sofreu apenas um corte no nariz porque se agarrou firmemente ao volante. Depois de três horas de espera por socorro, o grupo foi resgatado por um ônibus que passava pelo local e que o deixou em Assunção. A preocupação era conseguir assistência sem chamar a atenção das autoridades.

O motorista da agência foi um anjo da guarda. Providenciou hospedagem e atendimento médico para todos no mais absoluto sigilo, mesmo sabendo do risco de ser acusado de cumplicidade. E aceitou até mesmo se desfazer do que restou do carro para não deixar vestígios. Ele agiu com discrição e coragem. "Atribuímos a ele o êxito da empreitada" – lembra Cléa.

---

* Ditadura no Peru – Militares governaram o Peru de 1968 a 1975, sob o comando do general Juan Velasco Alvarado.

> *"É um grande espetáculo ver um homem esforçado lutar contra a adversidade. Mas há um ainda maior: ver outro homem correr em sua ajuda."*
>
> – Oliver Goldsmith

Diante das circunstâncias, o coronel João Moraes se tornara um fugitivo, e ainda mais, poderia ser pivô de um conflito diplomático entre Brasil e Paraguai, já que estava em território estrangeiro sem autorização, protegendo uma revolucionária. Por isso, nada poderia sair errado. Apesar do estado físico deplorável, João não recuou da decisão de consumar a fuga da filha. Ele corria contra o tempo para que Sônia não perdesse o voo naquele dia, às 11h, rumo a Paris.

Diante do estado de saúde crítico do pai, Sônia insistia, aos prantos, para ficar ao lado dele. Mas João implorava para que ela fosse embora. Depois de muita relutância, Sônia finalmente cedeu aos apelos. Mas impôs uma condição: deixar com ele os 2 mil dólares reservados para o primeiro período do exílio parisiense.

> "Em casa, eu rezava e torcia para que tudo desse certo. Graças a Deus, minha filha e a Edy chegaram à França em segurança. E, com a ajuda do motorista paraguaio, João foi atendido por um médico e voltou ao Brasil. Mas passou quatro anos com colete ortopédico para tratamento da coluna."

A permanência de Sônia no exílio em Paris foi curta: do início de 1970 a meados de 1971. Para Cléa e João, uma eternidade. A saudade remetia aos tempos de paz e união da família. A todo instante, eles tinham o ímpeto de telefonar para a filha. Mas não podiam fazer contato por questão de segurança.

"Ficávamos ansiosos por uma notícia. Mas só ela é que telefonava."

Mesmo no exterior, Sônia mantinha a militância. Era responsável pela microfilmagem de documentos enviados pelo MR-8. E promovia reuniões com companheiros de clandestinidade para analisar documentos e discutir ideias de grandes revolucionários, como Marx, Engels e Lênin. Os rebeldes buscavam uma formação política capaz de confrontar o regime vigente. A opção mais viável, na concepção dos guerrilheiros, seria o comunismo. Sônia também lecionava português aos companheiros, na maioria chilenos.

> "O otimismo é a fé em ação. Nada se pode levar a efeito sem otimismo."
> – HELEN KELLER

Para Cléa e João, a estada de Sônia longe da balbúrdia política do Brasil atenuava a preocupação. Mas eles tinham ciência de que a relativa tranquilidade era temporária, já que conheciam a inquietude da filha.

> "Sônia jamais ficaria muito tempo longe do Brasil. Ela se preocupava com os companheiros de luta. E achava desleal ficar em Paris enquanto eles morriam pela causa. Ela defendia a tese de que lugar de revolucionário era na revolução."

Cléa estava certa. Numa tarde, recebeu uma carta em que a filha avisava que estava prestes a visitar um parente num país exótico. Imediatamente, Cléa intuiu a verdadeira intenção da filha: voltar ao Brasil.

> *"É nos momentos de decisão que seu destino é traçado."*
> – ANTHONY ROBBINS

A escala natural seria o Chile, onde se encontravam muitas lideranças de organizações clandestinas. A família tinha tanta certeza de que Sônia iria para Santiago que João arriscou uma viagem até lá, mesmo sem ter um ponto de encontro. Depois de duas horas e meia vagando sem destino pela capital chilena, e com a remotíssima possibilidade de um encontro casual pelas ruas da cidade, eis que ocorre o "inacreditável".

"Papai, papai, você é louco. O que está fazendo aqui?"

Cléa recorda até hoje a emoção demonstrada pelo marido na época.

"Ele me disse que nenhuma palavra poderia descrever a sensação de alegria que ele teve ao reencontrar nossa filha no meio da rua. Sem ter a menor ideia de onde ela poderia estar, ele foi brindado pelo destino."

João aproveitou para dar-lhe orientações e dinheiro. E se emocionou com um gesto solidário da filha. Depois de ser presenteada pelo pai com roupas de frio, ela apareceu, no dia seguinte, com os mesmos trajes velhos.

"Dei tudo para uma moça grávida que chegou do Brasil, fugindo da repressão. Ela estava sem agasalho."

Depois de poucos dias, João retornou ao Brasil. Sônia permaneceu no exílio por cerca de dois anos. E recebeu a visita de Cléa no Natal de 1972. Mas sempre demonstrava inquietação por estar longe dos camaradas. O espírito revolucionário da jovem fez com que ela questionasse até mesmo a linha antimilitarista que passou a ser adotada pelo MR-8, depois de anos de radicalismo. Sônia defendia o confronto armado e, por isso, se transferiu para a Ação Libertadora Nacional (ALN), mesmo sabendo que, num retorno ao Brasil, teria de cumprir uma missão suicida: reestruturar a organização, trazendo de volta ao Brasil os exilados políticos.

As crises de consciência de Sônia se agravaram quando ela soube da morte de Stuart. O desejo de se juntar aos colegas militantes no Brasil se tornou irresistível.

"Razões fortes originam ações fortes."
– WILLIAM SHAKESPEARE

Sônia permaneceu estrategicamente mais um ano no Chile, até que, por intermédio da ALN, voltou ao Brasil, no início de 1973. Chegou a São Paulo consciente de que, se fosse presa, o castigo seria mais rigoroso, por se tratar de uma ex-exilada.

"Sônia estava disposta a correr todos os riscos."

"Quem não castiga o mal, ordena que ele se faça."
– LEONARDO DA VINCI

A jovem guerrilheira acreditava que os sacrifícios não seriam em vão. Ela tinha uma visão idealista do futuro.

"Nossa geração precisa atravessar essa difícil etapa política para depois desfrutar de uma vida melhor."

> *"Ser capaz de sentir indignação contra qualquer injustiça cometida contra qualquer pessoa, em qualquer parte do mundo. É a qualidade mais bela de um militante."*
> – Ernesto Che Guevara

Em maio de 1973, Sônia surpreendeu os pais ao aparecer à noite na escola em que eles trabalhavam.

"Vim para ficar. Estou morando em São Paulo. E lá nos encontraremos nos próximos meses... se houver encontro."

Para Cléa e João, foi um misto de emoção e medo. Mas Sônia, prudentemente, se limitava a sorrir, sem dar qualquer explicação. Dessa forma, acreditava que protegia os pais.

"Não sabíamos como lidar com a situação. Nossa filha estava de volta e poderíamos manter contato com ela com mais frequência, o que era motivo de alegria. Mas, por outro lado, tínhamos noção dos riscos que isso significaria, não só para ela, mas para toda a família."

A preocupação de Cléa tinha fundamento. Havia muita infiltração nas organizações clandestinas. Elas desmoronavam e vários dirigentes já haviam sido presos, mortos ou estavam desaparecidos. Sônia e os pais chegaram a um consenso e agendaram apenas três datas para encontro até o fim do ano: 7 de setembro, 1º de novembro e 25 de dezembro.

"A maior expectativa era pelo mês de dezembro. Teríamos um 'Natal de sonhos'."

Mas...

Em fins de novembro, todo o projeto da família foi por água abaixo. E não é possível falar do dia fatídico sem apresentar um nome de peso na história de Sônia Maria Angel: Antônio Carlos Bicalho Lana, que usava o codinome de Matheus. Ele foi um dos mais inteligentes e destemidos guerrilheiros da ALN. Mineiro de Ouro Preto, fez treinamento especial em Cuba e, por sua habilidade, conseguiu livrar-se de várias emboscadas.

Lana se tornou namorado e companheiro de luta de Sônia na última etapa de suas vidas. E, ao lado dela, pela primeira vez, não teve êxito na estratégia de escapar de um cerco policial.

20 DE NOVEMBRO DE 1973.
6H DA MANHÃ.

Um ônibus procedente de São Vicente (SP) trafegava com destino a São Paulo, capital. Seria uma viagem comum, não fossem as personagens envolvidas no percurso. Entre os passageiros, uma mulher de vermelho, o motorista, os passageiros e o casal de subversivos. Sem perceber que eram seguidos – e de perto –, Sônia e Lana haviam tomado o ônibus sem qualquer cuidado especial. Lana se levantou para pagar a passagem ao motorista, mas este se recusou a receber o dinheiro.

– Lamento, senhor, mas o pagamento será feito no guichê da próxima parada.

Apesar da resposta incomum, o casal não atentou para a trama que se desenrolava. A ação havia sido arquitetada ao longo de semanas e incluíra a criação de um posto de observação em frente ao apartamento do casal. Até os simples banhos de sol nos fundos da casa eram monitorados por espiões.

Quando o ônibus chegou à parada, Lana saltou e se dirigiu à bilheteria para fazer o pagamento. Sônia ficou no ônibus. Ao chegar ao guichê, Lana não encontrou o bilheteiro, mas cinco policiais armados com metralhadoras e dispostos a tudo para detê-lo. Em segundos, a área foi cercada por viaturas que chegavam de várias direções. A estação se transformou numa praça de guerra. Apesar do aparato tão pesado, Lana não se intimidou. O espírito revolucionário do jovem, preparado nas fileiras cubanas para qualquer confronto, falou mais alto. Ele lutou, mas não havia chance de fuga. A estratégia dos militares havia sido minuciosamente elaborada. No ônibus, ao perceber a armadilha, Sônia se levantou para tentar ajudar o companheiro. Mas não conseguiu dar um só passo. Foi violentamente derrubada por um pontapé nas costas, dado pela mulher vestida de vermelho. Sônia já saiu do ônibus algemada pelos pés. E foi empurrada para dentro de um carro. Lana foi jogado em outro veículo. E, dali em diante, poucas pessoas os viram ainda vivos...

– Com essa prisão e, posteriormente, com a morte de Sônia e Lana, efetuou-se a vitória do arbítrio e da maldade – lamenta Cléa.

O jornal *O Globo* de 1º de dezembro de 1973, em nota oficial do Exército, dava a informação sobre a morte de "dois terroristas" num enfrentamento com forças da Segurança Nacional. A.C.B.L (Antônio Carlos Bicalho Lana) e Esmeralda Siqueira Aguiar. Quando João e Cléa viram o nome "Esmeralda" no jornal, tiveram a certeza de que havia chegado o fim da linha. Eles se reportaram imediatamente ao penúltimo encontro com Sônia realizado em setembro de 1973, quando tentaram à exaustão que ela lhes dissesse o nome que poderia identificá-la em caso de emergência.

– Filha, pelo amor de Deus, me revele o codinome que você está usando. Se algo lhe acontecer, precisamos ter condições de identificá-la – implorava Cléa.

Depois do apelo da mãe e de muita insistência do pai, Sônia cedeu:
— Meu nome fictício é Esmeralda Siqueira Aguiar.

Se, para Sônia, a morte foi o epílogo de uma trajetória de luta e coragem, para João e Cléa significava o começo de um novo capítulo de dor e incertezas que se arrastaria por anos. O calvário do casal em busca da verdade sobre o assassinato da filha seria um longo túnel, escuro, com pouca perspectiva de luz. Durante cinco anos, eles se contorceram em dúvidas sobre as circunstâncias da morte da filha, sem condições de aprofundar o caso. As informações eram precárias e inconsistentes. Acreditavam até na veracidade da versão oficial de que a filha fora morta num confronto armado com policiais. E não concebiam a hipótese de tortura.

Nesse período, João e Cléa receberam em casa um "presente" do Exército. Um cassetete. Sem entender a mensagem incutida naquele insólito instrumento, o casal o ignorou e o jogou no fundo de um baú. Só em 1978 o cassetete passou a fazer sentido para a família. Por meio de uma notícia estampada na página do *Jornal do Brasil*, Cléa e João souberam que a filha estava na lista da Anistia Internacional que reunia vítimas de tortura no país.

Em outra reportagem, eles tomaram conhecimento de que o então cardeal de São Paulo, Dom Paulo Evaristo Arns, tinha entregado ao então presidente dos Estados Unidos, Jimmy Carter, uma relação de nomes de presos políticos internados em hospitais psiquiátricos. Chocado, o casal procurou o cardeal, em busca de informações. E, no subsolo da Cúria Metropolitana de São Paulo, onde funcionava a Comissão de Justiça e Paz, Cléa e João tiveram a confirmação de que a filha morrera sob tortura. A partir de então, o casal decidiu investigar o caso a fundo.

> *"Para que o mal triunfe, é apenas necessário*
> *que os bons não façam nada."*
>
> – Edmund Burke

Cléa e João adotaram uma postura menos ingênua diante dos fatos e na relação com as pessoas envolvidas no processo.

> "Foram dez anos acreditando que Sônia havia morrido num tiroteio com a polícia, até que, para nosso desespero, descobrimos que ela havia sido torturada. Os psiquiatras costumam dizer que a perda de um filho, mesmo em condições normais, já é irreparável para os pais. No caso de Sônia, pelas circunstâncias violentas, é um trauma eterno."

A primeira providência foi solicitar ao Segundo Exército, em São Paulo, o atestado de óbito de Sônia. Depois de uma espera ansiosa, o documento finalmente chegou às mãos do casal. Mas estava em nome de Esmeralda Siqueira Aguiar. Com a certidão, foi possível retificar o nome da vítima. E, aí sim, obter o registro da morte de Sônia Maria de Moraes Angel Jones, filha de João Luiz Moraes e Cléa Lopes Moraes, nascida em 9 de novembro de 1946, em Santiago do Boqueirão, no Rio Grande do Sul, e morta em 5 de dezembro de 1973, em São Paulo.

O atestado fora assinado pelo médico-legista Harry Shibata, apontando como *causa mortis* "hemorragia interna por ferimento de projétil de arma de fogo". O documento omitiu a existência de marcas de tortura em Sônia. O casal tomou coragem e começou a reconstituir os últimos passos da filha.

> *"A esperança, adquire-se. Chega-se à esperança através da verdade, pagando o preço de repetidos esforços e de uma longa paciência."*
>
> – George Bernanos

Na investigação particular, o casal entrou em contato com o maior número possível de pessoas que pudessem, de alguma forma, ajudar a esclarecer os fatos. Um ex-militante da organização, que morava em Santo André, indicou o local em que Sônia e Lana haviam sido presos.

"Fomos até lá e conseguimos localizar um dos antigos donos do bar que ficava em frente ao ponto exato em que eles foram detidos. Falamos com o motorista do ônibus que eles haviam tomado e também com o bilheteiro da estação, onde seriam pagas as passagens. E descobrimos como foi a captura."

A partir de então, é uma incógnita. Até hoje, Cléa não sabe a que tipo de sofrimento a filha foi submetida. E não tem certeza nem sequer do local onde ela morreu. Segundo Cléa, um coronel, primo de João, Canrobert Lopes da Costa, ex-comandante do Doi-Codi de Brasília, teria contado a um parente que Sônia havia sido levada para o Rio de Janeiro, logo após a prisão, para "ajuste de contas". E que, depois, ela tinha sido transferida para São Paulo, já entre a vida e a morte, porque, pelas normas militares, o preso só poderia morrer no estado onde foi detido. Lá, ela teria sido submetida a novas sevícias e recebido dois tiros de misericórdia.

"Ao encontrar o primo, mais tarde, João indagou sobre essa história, e ele confirmou tudo e até se dispôs a depor. Mas, de repente, mudou de postura e passou a negar o que sabia."

Novas revelações continuariam a ser feitas, anos mais tarde, por pessoas que, de alguma forma, testemunharam o calvário de Sônia. Em 1977, um ex-sargento do Exército, integrante por 15 anos dos órgãos de repressão, declararia que o corpo da prisioneira chegou a ser exposto no quartel para visitação interna, com o intuito de estimular os militares ao combate aos guerrilheiros. Seria "menos um do lado de lá".

Certos da morte brutal da filha, Cléa e João passaram para outra etapa, não menos dolorosa: a busca do corpo de Sônia. Depois de insistentes apelos ao Exército – sem êxito –, o casal decidiu procurar os restos mortais da filha por conta própria, fazendo uma investigação em cemitérios, e buscando informações com coveiros e ex-militantes. E foi assim que, em 1978, o casal chegou até o cemitério de Perus, na Grande São Paulo, onde várias ossadas estavam enterradas clandestinamente. Um dos coveiros descreveu um corpo que poderia ser o de Sônia, pois tinha cabelos crespos e avermelhados, e havia chegado ao cemitério vestido com um casaco bege (roupa que Sônia costumava usar). Em geral, os corpos chegavam nus. O casaco poderia estar servindo, exatamente, para esconder marcas de tortura nos seios.

A ansiedade era grande, mas, ao chegar à quadra 7, gleba 2, terreno 486, o casal soube que nada poderia ser feito de imediato. Outro corpo havia sido sepultado recentemente sobre o que seria de Sônia. A exumação só poderia ser feita após três anos. Cléa e João esperaram. No dia 16 de maio de 1981, eles retornaram ao cemitério de Perus, com a convicção de que, dessa vez, a escavação seria feita.

Eles estavam visivelmente perturbados com a experiência de acompanhar pela primeira vez uma retirada de ossadas. Especialmente abalados por acreditar que, finalmente, estariam diante dos restos mortais da filha. Ao verem o crânio, reagiram com desconfiança: não havia a perfuração à bala descrita no atestado de óbito. Mesmo assim, eles seguiram todo o ritual de homenagens religiosas: enterro, missas, orações. E passaram a levar flores ao túmulo, todos os sábados, durante um ano.

Em 1983, a família de Sônia pediu, na Auditoria Militar de São Paulo, a abertura de um inquérito policial-militar (IPM) para apurar a verdadeira causa da morte da militante. Para isso, seria necessária uma nova exumação – realizada a partir da interferência política do deputado estadual Carlos Fayal (PDT), companheiro de exílio de Sônia. O resultado foi desalentador para a família. Os restos mortais, que vinham sendo visitados sistematicamente, eram de um homem de 33 anos. A investigação da morte de Sônia voltava à estaca zero. E a busca pela ossada teria de recomeçar...

Foram seis exumações. As quatro últimas autorizadas pela juíza Sheila Bierrenbach, que, sensibilizada pela persistência do casal, determinou que fossem feitas em Perus "quantas exumações fossem necessárias para resolver o caso". Todas "dramáticas e difíceis", nas palavras de João. Ele e Cléa já não aguentavam mais e davam mostras de cansaço e desejo de desistência. Mas, por insistência dos médicos, o casal voltou a abrir a sepultura 486, a primeira da lista. E, dessa vez, não houve dúvida: o crânio pequeno, de coloração clara, e perfurado à bala, só podia ser o da filha. Mas a comprovação científica só viria em 1991, por meio de um sofisticado processo de identificação por computador, que fazia superposição de fotografias.

"Quando tivemos certeza de ter encontrado a ossada de Sônia, ficamos muito emocionados. Você não descreve, você sente. Cala fundo."

> *"A terra não passa de um grão de areia no deserto infinito dos mundos. Mas, se o sofrimento se limita a terra, ela é maior que todo o resto do universo."*
>
> – ANATOLE FRANCE

Finalmente, quase 18 anos após a morte da filha, João e Cléa puderam dar a ela um sepultamento digno e cristão. E ainda possibilitaram que outras duas famílias tivessem a mesma chance de enterrar seus entes queridos. Ao lado da ossada de Sônia, foram encontrados e identificados os restos mortais de outros dois militantes: Antônio Carlos Bicalho Lana (namorado de Sônia) e Denis Casimiro.

Se, por um lado, estava encerrada a procura pelo corpo de Sônia, por outro a luta de Cléa e João em busca de justiça não podia esmorecer. Em 1985, eles foram convidados a participar das atividades de uma organização não governamental recém-criada, que visava à preservação dos direitos humanos e à punição dos culpados por prisões arbitrárias, torturas e assassinatos: o Grupo Tortura Nunca Mais. Pelas mãos de Maria Dolores Perez Gonzalez, a organização recebeu a adesão de dois novos e ferrenhos militantes da causa humanitária: João Luiz de Morais e Cléa Lopes de Morais.

"O apoio do grupo me salvou. Até hoje, o convívio com as pessoas que lutam por justiça me ajuda a continuar vivendo."

Na instituição – que chegou a ser presidida por João Moraes de 1990 a 1992 –, Cléa pôde ter conhecimento de dezenas de casos semelhantes ao de sua filha. Depois de elucidar – pelo menos em parte – o assassinato de Sônia e encontrar os ossos, Cléa percebeu que sua causa ia além da pessoal. Chegara a hora de "lutar por uma questão mais ampla": o amparo emocional às famílias das vítimas, a batalha pela localização de todos os mortos e desaparecidos e a cobrança obstinada pela punição de cada culpado – um por um. Cléa tinha experiência de campo suficiente para ser uma das líderes da empreitada. Ela não era apenas uma simpatizante, mas vítima do sistema.

"Eu não podia ficar em casa, só lamentando... Com o passar do tempo, você vai conseguindo conviver com a saudade, mas fica uma revolta, um ódio impossível de aplacar. A saída é partilhar a perda com pessoas afins."

Uma maneira encontrada por Cléa de expurgar o inconformismo é não fugir do assunto, jamais. Ela coleciona livros sobre ditadura e tortura. E lê diariamente as reportagens relacionadas ao tema de violência. No Tortura Nunca Mais, é responsável, entre outras coisas, pela atualização do banco de dados da instituição. Ela recorta textos de publicações e cataloga as correspondências com denúncias de atrocidades da atualidade.

"Hoje, a maioria das queixas é sobre torturas em delegacias."

João morreu em 30 de janeiro de 1995. Cléa, aos 80 anos, com diabetes e hipertensão adquiridas nos últimos anos, prossegue, a passos firmes, na caminhada por justiça, contra a impunidade e em prol dos direitos humanos. E relembra com emoção uma poesia que ela mesma fez em homenagem à filha – e que foi declamada por Cléa na Assembleia Legislativa do Rio, durante a missa de corpo presente de Sônia, em 1985.

> *"Existir é viver pleno*
> *Alguns apenas vivem*
> *Poucos existem*
> *Viver para o outro*
> *Viver para o mundo*
> *Viver para a divindade*
> *Transcender*
> *Você existiu, Sônia."*
> – Cléa Lopes de Moraes

> *"Se a tua dor te aflige, transforma-a num poema."*
> – Autor desconhecido

Dayse: preconceito, superação e transformação

O que poderia levar uma mulher conservadora – educada para a preservação de tabus e zelosa pela moral da família – a falar abertamente sobre sexo anal em uma palestra para centenas de pessoas? O que poderia motivá-la a discorrer com desenvoltura sobre sexo oral? E a ensinar sobre métodos de prevenção de doenças sexualmente transmissíveis?

Dayse Mello Agra jamais pôde imaginar que, um dia, cumpriria esse papel. Mas teve uma razão muito forte para ignorar o constrangimento e embarcar numa aventura rumo à conscientização do público sobre sexo seguro. Dayse sofreu na pele a perda provocada por um vírus cruel, que, em 1987, começava a ser percebido – e de maneira equivocada – pela sociedade brasileira.

Jefferson, de 29 anos, um dos dois filhos da dona de casa paulista, radicada no Rio de Janeiro desde os 6 anos, morreu vítima de Aids. Não sem antes passar por um período de convivência diária com a mãe, numa relação de poucas palavras e muitos olhares e sentimentos. Uma fase conturbada emocionalmente, mas que credenciou Dayse para um trabalho social em um dos principais grupos de auxílio a portadores de HIV no país.

12 DE NOVEMBRO DE 1986

Desconfiada do precário estado de saúde do filho, Dayse marcou consulta com a médica que o atendia e pediu sinceridade: queria saber o resultado de um exame feito por Jefferson. Ele vinha sentindo dores no estômago e Dayse estava preocupada, porque havia precedentes de câncer gástrico na família. A médica pediu desculpas pela demora (o exame havia sido feito 15 dias antes) e explicou:

– Não consegui reunir forças para dar o resultado ao Jefferson. Ele já esteve aqui duas vezes em busca do laudo, mas não abriu espaço para conversa. Não tive coragem de revelar a verdade.

Assustada, Dayse perguntou se era câncer. A doutora desviou o olhar, baixou a cabeça e murmurou: "É pior que isso." Intuitivamente, Dayse pensou em Aids. Embora não conhecesse a doença, sabia que se tratava de algo terrível, comentado cada vez com mais frequência na imprensa.

– É Aids?

A médica só conseguiu pronunciar uma palavra:

– É.

Passados alguns segundos de desconforto, a doutora comentou que pediu o teste anti-HIV porque soube que Jefferson havia morado dois anos nos Estados Unidos, onde os primeiros casos foram constatados.

"Nem a médica queria acreditar. Estava perplexa. Era o primeiro caso de Aids entre os pacientes que ela atendia. Ela não sabia como expor a situação. Sentia-se impotente para lidar com esse tipo de emoção."

Se a médica não estava preparada, Dayse muito menos. Naquele instante, teve início uma série de conflitos que marcaria para sempre a história da mulher pacata, que, até então, vivia sem sobressaltos, ao lado do marido Jorge. Naquele exato momento, durante a conversa mais difícil de sua vida, Dayse mergulhou num abismo e conheceu sensações distantes de sua realidade: angústia, insegurança, desespero. Um turbilhão de pensamentos varreu sua mente, de forma tensa, frenética.

A origem do contágio se tornou, imediatamente, motivo de aflição. A Aids era considerada, na época, uma doença típica de homossexuais. E ela jamais percebera no filho qualquer sinal de atração pelo mesmo sexo. Não conseguia imaginá-lo com outro homem. Mas a principal razão do pânico era outra: a letalidade da doença. Uma certeza dolorosa martelava sua mente: a aids era incurável. Jefferson teria pouco tempo de vida.

> "Quando nos sentimos felizes, não imaginamos que algum fato inesperado possa acontecer e mudar o rumo de nossa vida. E, quando isso ocorre, percebemos o quanto não estávamos preparados."

> *"A cada dia é preciso realizar um pouco mais do que se deve."*
> – Frei Anselmo Fracasso

Depois do impacto da notícia, era preciso tomar uma difícil decisão: como agir em família? Ela optou pelo silêncio. Um silêncio estratégico. Na mesma semana, Jefferson, que morava sozinho, telefonou para Dayse e lhe disse que havia contraído um vírus, mas não especificou qual. Ela gelou diante da iminência de entrar num assunto tão espinhoso. E, por alguns instantes, ficou muda. Por fim, lamentou. Mas não fez perguntas. Sabia que corria o risco de parecer omissa. Mas evitou qualquer comentário, para não criar constrangimento. E Jefferson também não entrou em detalhes.

Apenas cinco meses transcorreriam entre a notícia da doença e o falecimento de Jefferson, no dia 2 de abril de 1987, no Hospital da Beneficência Portuguesa, na Glória, Zona Sul do Rio. Dayse desistira, então, de especular sobre a forma do contágio. E baniria de uma vez por todas a curiosidade que a incomodava dia e noite. Hoje, isso pouco importa. Ficou na lembrança, apenas, o convívio amoroso com o filho no tempo que o destino permitiu.

"O que interessa é que fiz tudo que estava ao meu alcance para que ele vivesse os últimos meses da melhor forma possível. Uma pessoa muito especial, gerada por mim, precisava mais do que nunca da minha presença, do meu amor, de minha coragem. E foi isso que dei."

A batalha foi árdua. Por um tempo, Dayse sofreu sozinha a dor provocada pela perda iminente do filho. Ela quis poupar o marido – que padecia do Mal de Alzheimer desde 1974 e estava fragilizado física e emocionalmente – e a mãe dela, idosa, cardíaca e muito apegada aos netos (Jefferson e o irmão, Anderson).

"Fiquei sozinha. O banheiro passou a ser meu lugar preferido na casa. Era ali que eu extravasava minha dor. Eu não queria que me vissem chorar. Por isso, inventava motivos para tomar banho várias vezes ao dia."

Pouco depois de saber da doença, Dayse decidiu contar ao filho Anderson sobre o irmão. Ele ficou surpreso e ofereceu ajuda. Dayse marcou um almoço com os dois filhos. Jefferson comentou que precisaria se internar por dois dias para fazer um tratamento, mas não entrou em detalhes. Dayse sabia que se tratava de quimioterapia. Mas ficou quieta. Mais tarde, ela e Anderson bateram o martelo: ficariam calados.

Com o passar do tempo, à medida que o avanço da doença ganhava mais espaço na mídia, o silêncio de Dayse já não era suficiente para impedir que o marido percebesse o drama familiar. A Aids era assunto diário nos noticiários. E Jorge associou a aparência debilitada do filho à imagem de um paciente que, corajosamente, aceitou mostrar o rosto numa reportagem.

"O rapaz estava bastante magro e abatido. Jorge comentou: 'Parece até o Jefferson'. Fiquei sem ação. Não havia mais como esconder a realidade. Aí eu respondi: 'Deve ser porque os dois têm a mesma doença.'"

Jorge sentiu o impacto da notícia. Ficou estático, sem qualquer tipo de reação, durante um bom tempo. Mas encontrou dentro de si a força necessária para seguir em frente. E se recobrou do choque. Jorge não queria fingir que nada estava acontecendo. Não poderia simplesmente contemplar o drama. Precisava agir. Depois de refletir por alguns instantes, ele pediu que Dayse convidasse o filho a morar novamente com eles, para que pudesse receber os cuidados necessários. Ela se emocionou com a ideia e criou coragem para dizer a verdade a Jefferson.

"Quando telefonei para ele, revelei que já sabia de sua doença. Ele não esboçou reação alguma. Manteve-se em silêncio. Eu o chamei, então, para ficar em nossa casa. Imagino o quanto foi difícil para ele abrir mão da independência, deixar de realizar projetos de vida. Deve ter sido muito penoso, mas nosso amor certamente foi um conforto para ele."

Quando a campainha tocou, Dayse respirou fundo e abriu a porta. O filho, de volta ao lar, com a mala na mão, sorria, tentando transmitir aparente naturalidade.

"Nossos olhares se cruzaram, mas nada foi dito. Jamais esquecerei a cena."

Nem Dayse nem Jorge tocaram no assunto, mas havia uma atmosfera pesada, uma emoção contida. Ninguém tinha coragem de levantar a questão. E, por vezes, os pais e o filho se entreolhavam. Percebendo o desconforto da situação, Jefferson foi para seu antigo quarto e começou a arrumar os objetos à sua maneira. Dayse o ajudava. O clima de consternação prevaleceu, até que ele deu fim ao embaraço com um comentário:

– Mamãe, vamos pensar no presente, no dia de hoje. É isso que vale.

"Respondi que sim e corri para chorar no banheiro. Mais uma vez."

E assim a família passou a proceder, sempre focada no dia corrente. Cada novo amanhecer era uma conquista. Mas, ao mesmo tempo, trazia uma nova sombra sobre a expectativa pelo dia seguinte. Jefferson seguiu seu trabalho na medida do possível, parando a cada 15 dias para fazer a quimioterapia. O médico da empresa – ciente da situação – deu autorização para as faltas necessárias. Mas o aconselhou a não contar sobre a Aids a nenhum colega, pois, certamente, seria discriminado.

Abalada, Dayse se recusava a ler reportagens sobre Aids. Acostumada a lidar com o tratamento do marido, ela se viu, dessa vez, impotente diante de um inimigo poderoso, que sugava vorazmente o que ainda restava da energia do filho. Ela vivia em conflito. Sabia que precisava ter informações sobre a doença para conduzir melhor a assistência ao filho, mas, por outro lado, fugia da realidade – como se, no fundo, tivesse a ilusão de que tudo seria um pesadelo.

Em fevereiro de 1987, Jefferson contraiu pneumonia. A baixa imunidade provocada pela Aids propiciava o surgimento de infecções. No hospital, Dayse percebeu que os enfermeiros faziam o atendimento a certa distância, esquivando-se de contato com o paciente. Desempenhavam as tarefas rapidamente e Jefferson usava o termômetro sozinho. Dayse se queixou com a médica e ela transferiu o paciente para o isolamento.

"Levei um choque. Poderia ser ainda pior. Mas a médica me convenceu de que, no isolamento, ele seria atendido por profissionais esclarecidos, e não por enfermeiros que tinham medo de contaminação. A princípio, meu filho Anderson não poderia pernoitar ao lado do irmão, pois isso não era permitido no novo setor. Mas abriram uma exceção e fiquei muito grata por isso. A companhia dava mais confiança a Jefferson."

Ironicamente, foi nesse momento de dor que Dayse pôde constatar a solidez da união da família. Jefferson e Anderson nunca foram muito próximos, pois tinham temperamentos diferentes (Jefferson, metódico, reservado; Anderson, extrovertido, independente). Durante a internação, porém, os dois conversavam longamente, como se quisessem resgatar o tempo perdido.

Foi também nessa fase trágica que Dayse percebeu a força interior de Jefferson. Sabendo que morreria, ele tomou várias providências para a despedida. Escreveu cartas às pessoas com quem se relacionara sexualmente, advertindo que deveriam fazer o teste anti-HIV. Decidiu para quem deixaria cada objeto pessoal (amigos e parentes, de acordo com a personalidade) e pediu à mãe que fizesse, mesmo sem ele, uma sonhada viagem a Paris (que havia sido combinada tempos atrás).

O estado de Jefferson se agravou. Certo dia, ele pediu que Anderson lhe contasse sobre uma pescaria. Enquanto o irmão narrava, ele fechou os olhos. E, em poucos segundos, a família percebeu que seria para sempre...

Com a morte de Jefferson, a realidade se impôs. Dayse, que até então evitava ler artigos sobre Aids, mudou radicalmente de atitude. Ela sentiu necessidade de se informar sobre tudo relacionado à prevenção e ao tratamento da doença. E buscou apoio em grupos de auxílio. Dayse tinha dois objetivos: encontrar respostas para as dúvidas sobre o vírus e ajudar a esclarecer outras pessoas, já que a ignorância era uma porta aberta ao preconceito. A primeira experiência foi decepcionante.

"Ingressei numa instituição em que as pessoas só falavam futilidades. Uma delas estava ansiosa porque a festa do filho tinha que ser melhor que a da prima. Definitivamente, não era aquilo que eu procurava."

Dayse persistiu na busca por alguma entidade que desenvolvesse um trabalho consistente, capaz de transformar a vida dos pacientes e de suas famílias.

"O melhor que podemos fazer na nossa vida é empregá-la em alguma coisa mais duradoura do que a própria vida."
– WILLIAM JAMES

A procura não foi em vão. Assistindo a um programa de tevê, ela soube da existência do Grupo pela Vidda (Valorização, Integração e Dignidade do Doente de Aids). O escritor Herbert Daniel, soropositivo, fundara a instituição em 1989 e enfatizava a tese de que as vítimas da Aids deveriam ser vistas como pessoas normais, capazes de produzir, de realizar atividades e – por que não? – até mesmo de se divertir.

"Ele falava com tanto entusiasmo que cheguei a pensar: 'Que homem maluco é esse?' Ironicamente, ali tive a certeza de que havia encontrado o meu caminho."

Dayse redirecionou sua vida a partir do discurso atrevido do escritor. Ele não escondia a doença e cobrava respeito da sociedade.

"Ele não se comportava como merecedor de piedade. Pelo contrário. Transmitia confiança, determinação, autoestima elevada. E era disso que os outros doentes precisavam."

Dayse estava convencida de que o Grupo pela Vidda atenderia a seus anseios. Só havia um obstáculo: a formação moral. Ela amargava um dilema: queria demonstrar orgulho pela memória do filho, mas temia ser classificada como "mãe de gay". Declaradamente avessa à prática do homossexualismo, ela não suportava a hipótese de associarem o contágio de Jefferson a uma relação com outro homem. Por isso, as primeiras tentativas de contato com o grupo foram infrutíferas.

"Eu ligava para lá, um homem atendia, eu pensava que ele era gay, e aí eu desligava sem falar nada. Era sempre assim."

Até que, um dia, quem atendeu o telefone foi uma mulher. Dayse, então, se sentiu à vontade para pedir o endereço do grupo. Pensou dez vezes e decidiu criar coragem para ir até lá. Sua cabeça fervilhava no caminho entre os bairros do Flamengo, onde morava, e do Jardim Botânico, onde ficava a entidade – ambos na Zona Sul do Rio. Ao se aproximar da sede, o coração acelerou. Ela passou um bom tempo rondando a casa. Havia duas opções: desistir de passar pelo portão, e provavelmente não se perdoar por isso; ou esquecer o receio e entrar no prédio, de cabeça erguida, para se orgulhar mais tarde. Não havia mais o que esperar...

Ao transpor a portaria, Dayse deu o primeiro e decisivo passo para um mundo até então desconhecido, que lhe reservaria surpresas inesquecíveis. Acolhida com respeito e carinho pelos membros do grupo, ela se sentiu confortável. Não precisou de máscaras. Tinha a aparência sofrida de uma mãe que acabara de perder o filho. E pôde, finalmente, expressar sua dor. Relatou o período de sofrimento no qual cuidou de Jefferson, com amor e dedicação, até o último dia. A narrativa impressionou os voluntários. Dayse era tudo de que precisavam para a realização de um delicado trabalho de conscientização das famílias.

Muitas mães abandonavam os filhos ao saberem da doença. Tinham medo, desgosto, raiva, uma mistura de sentimentos que, à maneira de cada uma, se refletia na solidão dos pacientes. Dayse ficou perplexa ao saber que os doentes vinham sendo deixados de lado pelas próprias mães. E aceitou um convite que, àquela altura, seria irrecusável: participar de um projeto de orientação familiar, voltado à integração dos portadores do vírus HIV e de seus parentes. Resumindo: ela tinha de derrubar medos e preconceitos. Uma tarefa árdua, repleta de desafios, mas plena de significados.

Na primeira reunião marcada com mães de soropositivos, a decepção: ninguém apareceu. Sozinha na sala, frustrada pelo desinteresse geral, Dayse preferiu ver no descaso daquelas mulheres um desafio a ser vencido e um estímulo à perseverança. A doença se alastrava com uma velocidade alarmante e muitas pessoas não tinham consciência da dimensão da gravidade do problema. Era urgente discutir o assunto, de forma madura e equilibrada. Ela insistiu no agendamento dos encontros. E, aos poucos, as mães foram aparecendo. Até que as palestras passaram a atrair dezenas de participantes.

> "Em muitos casos, a mãe se afastava do filho por medo de contaminar o restante da família. Não fazia por mal. Certa vez, uma senhora que não parava de chorar nos procurou para dizer que o filho, que havia saído de casa, estava voltando. Ele tinha contraído o vírus da Aids e poderia ser uma ameaça para ela, o outro filho, a nora e o neto. Todos moravam juntos e temiam o contágio. Ela achava que a Aids era transmitida até pelo uso dos mesmos talheres e copos ou no banheiro. Total desinformação. Depois que demos a orientação necessária, tudo se clareou."

Outro esforço era para deixar claro que a Aids não deveria impedir os relacionamentos amorosos. Desde que o preservativo fosse usado, não haveria risco de contágio. Mas os equívocos se sucediam. Certa vez, uma jovem chegou apavorada porque um homem armado estava à procura dela no bairro. A moça, que tivera uma relação sexual com o homem, disse que ele havia descoberto que ela era soropositivo. Possivelmente, queria se vingar (embora ela tivesse pedido a ele que usasse camisinha). A jovem se sentiu rejeitada, humilhada, e teve de mudar de bairro. Mas, dois anos depois, casou-se com um rapaz que, embora soubesse da verdade, se apaixonara por ela. Ele tinha dois filhos do primeiro casamento. E os quatro formaram uma família. Ela pôde viver feliz durante seis anos, até morrer em consequência da doença.

> *"Com seu exemplo de vida e conduta,
> você prega um melhor sermão do que com palavras."*
> – OLIVER GOLDSMITH

Dayse coleciona casos em que seu exemplo de vida foi espelho para a relação de pacientes com as famílias. A orientação da voluntária era determinante tanto no atendimento individual quanto em palestras especiais, porque surtiam efeito mais abrangente. A desenvoltura de Dayse diante do público surpreendeu a ela própria, que nunca supôs ter vocação para encarar uma plateia. Com simplicidade e firmeza, passou a expor conceitos e valores que, cada vez mais, desempenhavam papel importante na vida de cada um. E se tornou referência na instituição. Ao mesmo tempo, percebia que a atividade ajudava a si própria.

A plateia não notava, mas, a cada novo encontro, Dayse consolidava um passo a mais no caminho da autoafirmação. Ela passava por um processo de autoconhecimento enriquecedor. E nada poderia freá-la. A mulher de formação educacional conservadora, cheia de pudores, passou a falar de sexo com naturalidade, diante da necessidade de esclarecer as pessoas sobre as formas de prevenção.

> "Nunca pensei que pudesse, um dia, falar de sexo anal em público. Isso sempre esteve fora de cogitação. Mas, de repente, lá estava eu, despojada de qualquer vergonha, diante de uma plateia numerosa, dando as orientações necessárias para prevenção da Aids. Tive de lutar para chegar até aí. Prevaleceu o desejo de ser útil para a sociedade e de salvar vidas."

Nas campanhas de esclarecimento, Dayse já passou por situações constrangedoras, mas ao mesmo tempo divertidas. Depende do enfoque. Certa vez, quando o grupo colocou um envoltório no Obelisco da Avenida Rio Branco, no Centro do Rio, para simular uma camisinha, um rapaz passou perto de Dayse e exclamou: "Que é isso, tia?!"

Outro momento engraçado foi na Central do Brasil, terminal ferroviário popular de grande movimento, onde o grupo frequentemente distribui folhetos e preservativos.

– Eu me dirigi a uma senhora de uns 60 anos, que estava com duas crianças, provavelmente netas, e ofereci preservativos para que ela entregasse aos filhos. De início, ela rejeitou, com certa indiferença, mas depois retornou e disse: "A senhora tem razão. Eles têm os filhos e eu é que tenho que cuidar. Vou entregar a eles." E foi embora, grata com o brinde. Ganhei meu dia – ri Dayse.

O trabalho voluntário consolidou uma veia humanitária que já havia aflorado, mais cedo, quando atuara num posto de saúde do Catete, na Zona Sul do Rio. Durante vinte anos, de 1967 a 1987, ela ajudou na arrecadação de enxovais de bebês para grávidas pobres. Naquela experiência, Dayse celebrava, com um grupo de jovens gestantes, a vida que estava por vir. Hoje, ironicamente, seu voluntariado é voltado a pessoas que convivem com o fantasma da morte à espreita.

"A morte não é vilã, pois ela nos lembra como é importante viver."
– Anônimo

"Eu vivia num meio alegre em que as mulheres festejavam a expectativa de dar à luz. Era um lugar de felicidade. Já no Grupo pela Vidda, passei a lidar com pessoas à beira da morte. Um mundo em que pacientes e parentes compartilhavam no dia a dia os momentos de sofrimento. Mas o objetivo de nosso trabalho não é remoer a dor, e sim transformá-la em esperança."

No convívio com pacientes atormentados pela expectativa da morte, Dayse aprendeu a valorizar ainda mais seu bem maior: a vida. E percebeu que a realização de sonhos e projetos nunca deve ser adiada. As circunstâncias a impeliram a tomar atitudes firmes que vinham sendo proteladas há anos. Contrariando os conselhos de amigos e parentes, ela vendeu dois imóveis para poder comprar um apartamento de frente para o mar no Flamengo, Zona Sul do Rio. Com isso, realizou um grande desejo seu e, principalmente, do marido Jorge, cuja doença vinha se agravando.

> "Ele passou os últimos anos de vida sentado na poltrona da varanda, admirando a beleza da paisagem. Com isso, pôde concretizar o seu grande sonho, que era ver o mar todos os dias."

Dayse criara um patamar diferente na relação com o marido. A mulher recatada, que não usava maquiagem e não ousava se divertir sem a companhia de Jorge, aprendeu no Grupo pela Vidda a importância de usufruir cada momento, de forma independente. E passou a se arrumar com esmero, se maquiar com capricho e viajar em excursões para diversos estados do Brasil e até para o exterior. O marido ficava em casa e, no começo, chegou a estranhar as mudanças na conduta da esposa. Mas logo se habituou a ouvir as histórias curiosas que ela tinha para contar, na volta de cada passeio. E se divertia com isso.

> "Ele passou a viver experiências novas através dos meus testemunhos. Eu contava detalhes dos lugares que conheci e é como se ele tivesse a chance, também, de passar por lá. Com isso, proporcionei

a meu marido momentos especiais nos seus últimos anos de vida. Ele morreu em paz."

Dayse experienciava mais uma etapa de sua vida. Se, por um lado, não media forças para dar conforto aos frequentadores do grupo, por outro passava a cuidar de si mesma, valorizando a autoestima. Recorreu, inclusive, a uma herança deixada por Jefferson. Pouco antes de morrer, ele destinou à mãe o dinheiro do FGTS, para que ela fosse a Paris.

"O destino fez com que eu estivesse em Paris justamente na data de aniversário de meu filho. Por causa de um adiamento na viagem, a pedido da empresa de excursão, visitei a França no dia em que Jefferson completaria 31 anos: 8 de novembro de 1988."

Dayse repetiu a dose. Já esteve em vários países de diferentes continentes. Em 2006, bateu recorde: foi a Bali, na Indonésia, onde passou vinte dias. Quando não está nos aeroportos, busca opções de lazer na cidade onde vive. Frequenta cinemas, teatros, restaurantes e shows, sempre na companhia de amigos.

"Percebi que o lazer é importante para preservar a minha saúde e manter meu equilíbrio, a fim de que eu possa continuar meu trabalho."

Trabalho baseado em uma palavra-chave: troca. Da mesma forma que Dayse motiva os doentes com seu temperamento alegre e festivo, também recebe deles a certeza de que, enquanto se tem saúde, vale a pena desfrutar cada momento da vida e buscar constantemente o direito de ser feliz.

"Muitos doentes têm enorme garra para viver. E eu me pergunto: se eles, apesar de todo o drama que vivem, se comportam de maneira otimista, por que eu deveria ficar deprimida?"

Hoje, Dayse está de volta ao posto de saúde para auxílio às gestantes. Mas, em vez de se dedicar à arrecadação de enxoval de bebês, ela usa sua experiência em prevenção da Aids para tentar salvar vidas. Dayse dá orientação às mulheres grávidas para que elas façam o teste anti-HIV. Segundo o Ministério da Saúde, os bebês podem sobreviver em 98% dos casos quando a presença do vírus é detectada no início da gestação.

– No começo, as mulheres ficavam ofendidas quando eu pedia que fizessem o exame. Diziam que não eram promíscuas, que tinham um só parceiro e que ele era fiel. Mas, a partir dos meus argumentos, elas concordavam em se submeter ao teste. Em alguns casos, o resultado foi positivo, para surpresa da gestante, mas nossas orientações permitiram que crianças conseguissem nascer saudáveis. "É o meu maior prêmio", comemora.

Vítima de osteoporose, Dayse já se obrigou, recentemente, a passar quase três anos afastada do trabalho social de campo. Mas mantinha o contato pelo telefone ou em visitas de cortesia. E, em virtude da importância do seu voluntariado, foi nomeada "coordenadora de honra das mulheres do Pela Vidda". Dayse não tinha condições de enfrentar o dia a dia de atividades cansativas e demoradas, já que, por longo tempo, teve de se submeter a tratamento e ao uso incômodo de um colete ortopédico para correção de uma costela fraturada. Mas recebeu um título que deixava clara a possibilidade de, mesmo à distância, influir no desenvolvimento dos projetos.

– Foi uma amiga do Grupo Pela Vidda que, sem querer, quebrou minha costela. Como tenho osteoporose, meus ossos são frágeis e o pessoal é muito eufórico, gosta de saudações efusivas. Bastou me abraçar com força e a costela não aguentou – lembra Dayse, com bom humor.

Assim que se sentiu novamente em boa forma física, Dayse retomou o trabalho a todo vapor, tanto no Grupo pela Vidda quanto no posto de saúde, onde bate ponto uma vez por semana.

"Assim como eu faço bem às pessoas do grupo e aos pacientes, também recebo deles um ânimo revigorante. É uma troca. Preciso disso para me sentir útil."

O mais difícil é enfrentar o silêncio, dentro de casa, quando ela está sozinha e vêm à mente as lembranças da família. Mas os amigos não deixam que o silêncio se perpetue. O telefone logo toca, com um convite para um programa ou uma palavra de entusiasmo.

Em agosto de 2006, houve congestionamento na linha telefônica de Dayse. Ela havia prestado um depoimento comovente – mas otimista – no encerramento de um capítulo da novela "Páginas da Vida", da TV Globo. No folhetim, todas as noites um personagem da vida real contava, por cerca de um minuto (editado), um episódio emocionante que o havia marcado. Na vez de Dayse, ela relatou o sofrimento com a perda do filho, mas fez questão de ressaltar, acima de tudo, que conseguia ser feliz. Choveram ligações para sua casa.

"Virei celebridade. Até do exterior eu recebi ligações. Uma pessoa que havia me conhecido num evento, e que estava morando fora do Brasil, ligou para uma amiga que me conhecia e pediu o telefone para me parabenizar pela coragem."

Nas entrelinhas do discurso de Dayse na telinha, uma mensagem subliminar: a consciência da vitória diante das adversidades da vida.

"Sou feliz porque aprendi a conviver com a saudade."

"A arte da vida consiste em fazer da vida uma obra de arte."
– INDIRA GANDHI

Deusalina: a solidariedade como remédio para a própria dor

Deusalina Queiróz Costa. Ou, simplesmente, Deusa. Uma mulher forte, cuja trajetória revela uma surpreendente altivez diante de sucessivos obstáculos que sempre se impuseram no caminho de sua felicidade. Deusa nunca teve um longo período de sossego. Mas, sempre que se deparou com as adversidades, soube manter o equilíbrio e valorizar a dignidade humana e a solidariedade como os maiores trunfos de sua vida.

Nascida em Niterói, em 5 de agosto de 1937, ela foi para Belém do Pará já aos 3 meses de idade. O pai, fuzileiro naval, precisava trabalhar no norte do país. A família era extremamente pobre. Faltava de tudo. A alimentação se restringia a um mingau ralo de farinha com água, servido numa lata de alumínio. Prato era artigo de luxo. E tomar leite, um grande sonho. Essa privação provocou um trauma na menina franzina. Mais tarde, já adulta, ela passaria a beber leite compulsivamente, todos os dias, para compensar a carência do alimento na infância.

A pobreza também era evidente no vestuário. Nos poucos cabides, ficavam pendurados sacos de açúcar (na época, de tecido), transformados em vestidos rústicos, motivo de vergonha diante dos colegas na rua. O acanhamento aumentava quando ela enfrentava a falta de recursos para a compra de remédios e materiais de primeiros socorros. Sempre que se machucava, Deusa ficava com os ferimentos expostos. Não havia dinheiro para os curativos. Mercúrio, algodão e esparadrapo estavam fora de cogitação. O único jeito era enfrentar o constrangimento e esperar que as feridas cicatrizassem.

Apesar das adversidades, nada conseguiu tirar de Deusa a sensibilidade para enaltecer a grandeza da relação humana. Uma virtude que ela preservaria ao longo da vida. E que tem origem na convivência carinhosa com as personagens de sua infância. Ainda menina, ela já percebia na fraternidade entre vizinhos e amigos o caminho mais curto para a conquista da paz e da felicidade. Todos partilhavam as mesmas dificuldades e eram solidários. Tudo era dividido pela pequena comunidade. E essa cumplicidade era suficiente para que Deusalina tivesse tranquilidade e bem-estar. Ela se sentia feliz. A pobreza não impedia o bom humor e os amigos parodiavam a música de Orlando Silva para brincar com a menina: "A Deusa da minha rua..."

"O sorriso é a distância mais curta entre duas pessoas."
– Victor Hugo

Mas o sofrimento sempre perseguiu Deusalina. Umas das experiências mais dolorosas foi a ausência do pai, Herculano, no período em que ela mais precisava de apoio. A frustração de não poder satisfazer as necessidades básicas era, de certa forma, atribuída à falta do chefe de família na condução das questões do dia a dia. Ela não se conformava com o desaparecimento inexplicável do pai. Em 1940, ele abandonou a esposa e os dois filhos (Deusalina e o irmão, Mamede) em Belém e decidiu viver no Rio de Janeiro, quando a filha tinha 3 anos.

Silêncio total. Ele não dava qualquer notícia nem se preocupava em saber se a família estava viva. A sensação profunda de abandono se tornava ainda mais intensa quando Deusa via algum colega acompanhado dos pais. Para compensar a carência paterna, ela depositava na mãe uma grande confiança e um forte sentimento de companheirismo. Dona Laudemira evitava a todo custo falar do marido. E driblava a curiosidade da filha, que constantemente perguntava sobre Herculano e que nunca se satisfazia com a resposta da mãe.

– Deve ter morrido na guerra.

Deusa não acreditava. E alimentava a esperança de que o pai estivesse vivo. Só aos 12 anos ela se convenceu de que ele poderia mesmo estar morto. Se, por um lado, Deusalina vivenciou a dor emocional provocada pela falta do pai, aos 8 anos sentiu os efeitos de outra forte dor, a física. Durante um banho, ela se divertia pulando no chão alagado, quando se desequilibrou e caiu de mau jeito. Dali em diante, sua capacidade física seria irremediavelmente comprometida. A queda provocou um dano na estrutura óssea no lado direito do corpo. O fêmur foi gravemente afetado. E a falta de recursos para atendimento médico fez com que o problema se tornasse crônico e se alastrasse até a coluna cervical. Ela passou a sofrer de osteomielite e Mal de Pott, duas doenças que causam inflamação nas articulações.

Deusa sentia dores terríveis e o tratamento se limitava a ervas naturais, prescritas pelos leigos da comunidade. As crises eram frequentes e, nessas ocasiões, a menina mal conseguia sair da cama. A prostração durava duas semanas. Certa vez, a crise foi tão intensa que dona Laudemira entrou em desespero e teve de apelar para os vizinhos. Eles decidiram levá-la ao hospital mais próximo – a Santa Casa de Misericórdia, a 25km de casa. Uma distância considerável, tendo em vista a precariedade do transporte na região.

Pela primeira vez na vida – e seis anos após o acidente –, Deusalina era assistida em um estabelecimento de saúde. Ela tinha 14 anos. E foi internada no único lugar em que havia vaga: a enfermaria destinada ao atendimento de prostitutas, vítimas de doenças venéreas. Foram três meses de tratamento rigoroso e de muito padecimento, mas também de uma convivência enriquecedora com as pacientes. Delas, partiu o apoio necessário para que Deusa suportasse com resignação aquele período de angústia. Ela aprendeu que aquelas mulheres, apesar da vida mundana, mereciam respeito. Sabiam tratar os outros com dignidade. Uma lição de igualitarismo que Deusalina conservaria por toda a vida.

"Eu recebi amor daquelas mulheres."

"Os gestos de amor são humildes."
– E.Clement

A saída do hospital, três meses depois, não significou o fim do sofrimento. Ela teria, ainda, outras crises intensas e só voltaria a contar com assistência médica quando já estivesse no Rio de Janeiro. A chegada à cidade, em 1953, foi consequência de uma jogada espetacular do destino. O pai de Deusa, Herculano, estava internado num hospital carioca e, ao lado dele, havia um paciente que chegara justamente de Belém. Dos quase seis mil municípios brasileiros, o companheiro de enfermaria provinha exatamente da cidade natal de Herculano. E mais: conhecia Laudemira e Deusa. Eles eram vizinhos!

– Eu não acredito! Você é o pai da Deusa? – espantou-se.

O homem, que conhecia o drama da menina pela falta do pai, considerou o encontro um "achado" – uma grande oportunidade de tentar reverter aquela história de omissão e amargura. De imediato, sugeriu que uma carta fosse enviada a Laudemira. Herculano, num misto de surpresa e desconforto, fez uma breve reflexão. E não só aceitou a ideia da correspondência, como também decidiu mandar dinheiro para a família. Ele convidou a antiga mulher e a filha para encontrá-lo no Rio de Janeiro. Ao receber a correspondência, em janeiro de 1953, Deusa mal pôde acreditar.

– Mãe, meu pai está vivo! – gritava, sem parar.

> *"Se um coração é grande, nenhuma ingratidão o fecha, nenhuma indiferença o cansa."*
> – LEON TOLSTOI

Apesar da mágoa pelo rompimento brusco do casamento, Laudemira ficou satisfeita em saber que o "marido" estava vivo. Além disso, a euforia de Deusa a contagiou. E ela resolveu dar um presente à filha: aceitou fazer a viagem. O dinheiro era tão curto que elas precisariam viajar no porão de um navio. Mas, ainda assim, o sacrifício poderia ser compensado pelo resgate da união familiar, após treze anos de ausência.

No dia 29 de junho de 1953, as duas embarcaram para uma longa e penosa viagem, que durou um mês a bordo do navio "Duque de Caxias". Foram dias e noites intermináveis. No porão, as pessoas eram transportadas em condições sub-humanas. Muitas passavam mal e vomitavam com frequência. O cheiro era insuportável.

Mas todo aquele suplício se tornou uma névoa do passado quando a embarcação aportou no Rio, e Laudemira, ainda a bordo, reconheceu o marido à distância. Emocionada, ela o apontou para Deusa.

"Bateu uma alegria tão grande no meu coração quando vi meu pai. Ele estava todo bonito, vestido de terno azul."

> *"Bondade é amar as pessoas mais do que elas merecem."*
> – Joseph Joubert

Aquela euforia, inédita, foi efêmera. Não durou mais do que uma hora. Tão logo chegou à casa do pai, no bairro de Pilares, subúrbio da cidade, Deusa teve uma decepção: Herculano vivia com outra mulher. Mesmo assim, ela manteve a esperança de uma reconciliação dos pais – o que não tardou a acontecer. Depois de um período de profunda reflexão, Herculano resolveu reconstituir a família. Para Deusa, a satisfação de voltar a morar com os pais só era comprometida pelas dores provocadas pela osteomielite e pelo Mal de Pott. Mas nada era capaz de abater sua esperança de ficar curada.

> *"A esperança é cheia de confiança. É algo maravilhoso e belo. Uma lâmpada iluminada em nosso coração. É o motor da vida. É uma luz na direção do futuro."*
> – Conrad de Meester

O Rio de Janeiro representava não apenas a oportunidade de viver numa família estruturada, mas também a possibilidade de contar com assistência médica adequada. Em janeiro de 1954, seis meses depois da chegada à cidade, Deusa teve a chance de fazer sua primeira cirurgia: um enxerto de osso na coluna, retirado do perônio, e uma raspagem no fêmur.

Enquanto em Belém faltavam recursos até para as necessidades básicas, no Rio ela teve o apoio do pai, que, por ser fuzileiro naval, dispunha de plano de saúde da Marinha.

Deusa viveu com os pais até se casar, em 1955, com o motorista paraense Raimundo Nonato Costa. Nesse ano, ela retornou a Belém do Pará, para acompanhar o marido. E teve o primeiro filho, Edilson, em 1956. Com o intuito de ajudar a filha, Herculano mandava mensalmente uma pequena quantia em dinheiro. Mas não era suficiente para garantir o tratamento médico necessário. Deusa já estava grávida do segundo filho, Enildo, quando teve uma nova crise, em 1958. A situação era crítica.

Ela precisava, urgentemente, de uma cirurgia. Diagnóstico: tumor no fêmur. Não havia anestesia no hospital, mas, diante da gravidade do quadro clínico, ela aceitou submeter-se à operação, disposta a enfrentar qualquer dor. Deusa foi recompensada por sua bravura: a cirurgia foi bem-sucedida. E esse êxito lhe garantiu dez anos sem novas crises.

"A dor tem um grande poder educativo, faz-nos melhores, mais misericordiosos, mais capazes de nos recolhermos em nós mesmos e persuade-nos de que esta vida não é divertimento, mas dever."
– Cesare Cantú

Mas os reveses do destino sempre pontuavam as fases de alegria de Deusa. E, meses depois do sucesso da operação, ela contraiu uma anemia profunda que afetou a qualidade de seu leite. Preocupados com a saúde de Enildo, recém-nascido, os vizinhos optaram por alimentar o bebê com leite de cabra. Foi fatal. O produto era forte demais e a criança não resistiu.

Morreu aos 6 meses, para desespero da mãe.

> *"Amoldar-se à dor é vencê-la."*
> – MENOTTI DEL PICCHIA

Abalada, sim. Destruída, jamais. As vicissitudes da vida teimavam em desestabilizar o alicerce de Deusa, mas ela não se deixava abater. Em 1959, mais um baque. Cansada da falta de infraestrutura adequada para cuidar de Edilson, ela exigiu que a família voltasse para o Rio. O marido mostrou-se relutante. E, em represália à imposição da mulher, Raimundo sequestrou o filho do casal. Para Deusa, foi uma semana de agonia. Quando não tinha mais onde procurar o menino, ela decidiu pedir ajuda à polícia.

Depois de um período de investigação e de grande ansiedade por parte da família, o menino foi, finalmente, encontrado pelos policiais e devolvido à mãe. O reencontro emocionante com a criança e o medo de uma nova fase de terror fizeram com que Deusa tomasse uma decisão radical. Ela não pensou duas vezes. Entrou em contato com seu pai, no Rio, e pediu dinheiro para retornar à cidade. Refeita dos sustos e em busca de uma vida estável, Deusa se casou pela segunda vez, agora com o militar da Marinha Edésio Marques, e teve uma filha, Denise, em 1966. Estava decidida a reconstruir a vida.

> *"A vida é uma pedra de amolar*
> *Desgasta-nos ou afia-nos conforme o metal de que somos feitos."*
> – GEORGE BERNARD SHAW

Mas os problemas de saúde persistiam. E Deusa não contava com o apoio nem mesmo daqueles que eram sua única esperança de cura: os médicos. Eles não acreditavam na plena recuperação da paciente e davam mostras de desânimo a cada atendimento. Tanto que, em 1969, já anestesiada e pronta para uma nova intervenção cirúrgica, Deusa foi informada de que o chefe da equipe havia desistido da operação. Restou a ela ficar horas dormindo no hospital, enquanto não passava o efeito anestésico.

A última e decisiva cirurgia foi feita em 1972, no Rio. E exigiu mais uma demonstração de valentia da paciente. O período de convalescença requeria total imobilismo físico. Para tanto, ela foi engessada do pescoço até os tornozelos. E assim permaneceu por três difíceis meses. Os mais longos e angustiantes de sua vida.

> *"Não desanimes. Frequentemente é a última chave do molho que abre a fechadura."*
> – TROTY

Todas as experiências acumuladas ao longo de sua existência confirmaram as ideias contidas num poema de Herbert Salvador de Lima, que se tornaram um lema na vida de Deusa:

"Viver é levantar-se depois de cada queda
Sorrir depois de cada dor
Esquecendo o gemido que passou."

Sempre que conseguia se erguer depois de uma queda, Deusa contrariava, mais uma vez, o pessimismo dos prognósticos médicos: "Você vai ficar corcunda", "Não vale a pena fazer esta operação", "Você corre o risco de ficar aleijada", "Você vai ter que usar cadeira de rodas", "Não tem anestesia para a cirurgia"... Se acatasse passivamente as orientações dos especialistas, teria um destino previsível de imobilismo e inatividade. Mas Deusa optou por seguir os próprios instintos. E venceu.

Depois de tratamentos consecutivos, que ela insistiu em fazer a duras penas, ficou uma única sequela: a impossibilidade de dobrar a perna direita. Suas limitações param por aí. Deusa demonstra grande vigor e extrema disposição para as tarefas cotidianas, pertinentes a uma dona de casa. Cuida da família, das compras, da organização do lar; costura; cozinha; executa com capricho as atividades domésticas. E ainda canaliza boa parte de sua energia para um ideal acalentado desde a infância: a benevolência.

Por volta dos 8 anos, Deusa já demonstrava sua vocação para servir com desprendimento e boa vontade à comunidade. Com o consentimento da mãe, ela tinha prazer em dividir o pouco que possuía com os colegas.

"A felicidade é um bem que se multiplica ao ser dividido."
– Maxwell Maltz

Se "bondade" sempre foi a melhor expressão para definir a personalidade de Deusalina, a palavra "ajuda" se tornou uma necessidade para ela, tanto em receber quanto para dar. Ao longo da vida, ela precisou constantemente do apoio dos outros para superar as dificuldades. Por isso, conhece bem o valor da solidariedade. E não se furta em fazer sacrifícios. Até mesmo à noite ou em dias de chuva, ela é capaz de sair do aconchego de sua casa para levar conforto a quem precisa.

"Nenhum gesto de gentileza, por menor que seja, é perdido."
– Esopo

A caridade de Deusa se traduz em roupas, alimentos, utensílios e, principalmente, em palavras. Dinheiro, jamais. Esse tipo de ajuda lhe provocou, certa vez, grande frustração. Em 1960, sensibilizada pelo sofrimento de uma mulher que vivia na rua, ela tirou do próprio bolso 50 mil réis (moeda da época) e entregou à mendiga, para que comprasse comida. Pouco depois, desilusão. Encontrou a mulher embriagada e sem o dinheiro. Naquele instante, prometeu a si mesma que nunca voltaria a dar auxílio em espécie. E definiu uma estratégia de amparo ao próximo: em vez de entregar dinheiro, ela compraria por conta própria os produtos adequados para suprir a necessidade de pessoas em dificuldade.

Em 1999, por exemplo, Deusa ficou comovida com a história de uma jovem da vizinhança que estava sem emprego e não tinha condições financeiras de fazer um curso profissionalizante. Deusa "adotou" a moça. Não só pagou as mensalidades das aulas de corte e costura, como também comprou todo o material para o aprendizado. Deusa fazia questão de ir pessoalmente ao colégio para efetuar o pagamento.

Moradora de Rocha Miranda, no subúrbio do Rio, Deusa também exercita a generosidade por meio de viagens: ela vai todos os meses para Campos, no Norte Fluminense, a 350km da capital, para amenizar a carência de oito famílias, que vivem abaixo da linha de pobreza.

Deusa passa o mês arrecadando donativos e também tira do próprio bolso o suficiente para comprar alimentos, material escolar, remédios, agasalhos e produtos de higiene. Quando chega à localidade, com o carro abarrotado, é uma festa.

"As pessoas ficam pulando de alegria, com os olhinhos brilhando, sempre que eu chego. Nessas horas, vivo uma emoção indescritível."

> *"Não há satisfação maior do que aquela que sentimos quando proporcionamos alegria aos outros."*
> – M. Taniguchi

Deusa se considera um exemplo de que a felicidade não está na fama, no status social, na perfeição física nem mesmo no acúmulo de dinheiro. Deusalina Queiróz Costa ou, simplesmente, Deusa – desprovida de bens materiais e de vaidades, desconhecida da maioria da população, distante de qualquer glamour e vítima de limitações físicas –, provou para si mesma, e para todos que a conhecem, que, para encontrar a felicidade, basta ter amor, humildade e, especialmente, altruísmo, com a coragem de assumir responsabilidades pelo bem-estar alheio.

> *"Há duas fontes perenes de alegria pura: o bem realizado e o dever cumprido."*
> – Eduardo Girão

Eulina: da sarjeta para o castelo dos sonhos

– Você é uma vagabunda! Você é uma ordinária!

– Saia daqui, seu cachaceiro. Só volte quando estiver curado da ressaca.

– Eu quebro a sua cara, sua piranha! – e o homem parte para cima da assistente social e lhe dá um tapa no rosto.

Funcionários do Castelinho intervêm e tentam deter o bêbado exaltado. Mas também são agredidos. Palavrões, ofensas, tapas, empurrões... O conflito só termina quando uma voz firme ecoa do alto da escada.

– O que está acontecendo aqui? Parem imediatamente. Exijo respeito nesta casa. Você e você, vão para dentro – disse aos auxiliares.

– E quanto a você, saia daqui. E não se atreva a voltar enquanto estiver de cara cheia. Aqui é lugar de paz e de gente de bem. Você é bem-vindo se precisar de nossa ajuda. Mas não admito agressividade e falta de respeito.

Maria Eulina Reis Silva Hilsenbeck pediu desculpas pelo incidente e desabafou:

– Isso é o que eu vivo todos os dias para manter a ordem na instituição. Por mais que se faça, nunca é o suficiente.

No dia de nossa entrevista com a "Cinderela Brasileira", fomos testemunhas do drama vivenciado pela equipe do Clube das Mães do Brasil – entidade filantrópica fundada com o objetivo de acolher moradores de rua. E, involuntariamente, nos vimos envolvidos física e emocionalmente naquele confronto, ao tentarmos apartar brigas e aliviar tensões.

O episódio demonstrou as dificuldades enfrentadas na manutenção do trabalho social voltado a pessoas desamparadas, que se entregam ao alcoolismo, às drogas, à prostituição e à criminalidade. O agressor é uma síntese do perfil dos beneficiários da instituição. Recebe comida, banho, agasalho e abrigo. Mas, muitas vezes, é incapaz de manifestar gratidão pela atenção recebida. Pelo contrário. Hostiliza os benfeitores do Castelinho – apelido do Clube das Mães do Brasil, por funcionar num imóvel antigo cuja linha arquitetônica assemelha-se à de um castelo.

Um castelo cravado no coração de São Paulo, uma das maiores metrópoles da América Latina, celeiro de oportunidades para jovens sonhadores de todos os cantos do país. E foi na capital paulista que desembarcou, em 1970, a maranhense Maria Eulina Reis Silva, aos 20 anos. Na bagagem, um diploma de professora e um projeto promissor de vida. O ponto de partida: estabelecer-se na casa de uma prima e conseguir emprego. Mas o apoio foi efêmero. Já na segunda semana, o marido da anfitriã foi categórico:

– Não quero imigrantes em minha casa. Pegue suas coisas e saia imediatamente.

Ele tinha receio de abrir um precedente e passar a hospedar outros parentes da esposa. Eulina ficou perplexa. Refletiu por alguns instantes, e tomou uma decisão: não retornaria para a terra natal. Ela havia saído de casa para fugir do autoritarismo do pai, Arão Araújo, fazendeiro poderoso e coronel linha dura do Exército.

Na residência da família, no pequeno município de São José dos Basílios, no sertão maranhense, a palavra do militar era lei. Mas não para Eulina. Desde cedo, ela cobrava o direito à liberdade de expressão. Dos seis irmãos, era a única que se atrevia a descumprir "a cartilha de regras". Os confrontos eram frequentes. E resultavam, invariavelmente, em punições severas.

"Era eu quem mais apanhava, pois não ficava calada. Meu pai dizia: 'Se a cabeça não pensa, o corpo padece.' Sempre tive uma forte personalidade e, quando discordava, expunha meus argumentos."

Uma das maiores arbitrariedades presenciadas pela família foi a imposição do casamento da irmã mais velha com um homem desconhecido. A jovem Eulina sabia que, se não tomasse uma atitude corajosa, teria o mesmo futuro. E não abria mão de controlar as rédeas do próprio destino. Oprimida, preferiu fazer as malas e partir para uma nova vida. Mas agora, rejeitada pelos parentes na capital paulista, ela precisava criar nova coragem para não abandonar o barco. O coronel Araújo nunca aceitaria a filha de volta. E Maria Eulina tinha brio.

"Eu nunca poderia voltar derrotada daquele jeito. Meu pai sempre dizia: 'O filho que não obedece às leis da casa deve arcar com as consequências.' Com o tempo, criei valores e conceitos, desejava ser alguém. Eu queria me encontrar e, se voltasse para casa, não conseguiria."

Ao ser expulsa pelo marido da prima, Eulina manteve a dignidade e, imediatamente, fez as malas. Foi à luta de cabeça erguida. Ela dispunha de dinheiro suficiente para se manter, numa pensão simples, durante apenas um mês. Afinal, apesar de várias tentativas de ingresso no mercado de trabalho, as duas primeiras semanas não haviam sido proveitosas. Ela continuava desempregada e corria contra o tempo. Mas os projetos e sonhos permaneciam inabalados.

> *"Sonhos são como deuses.*
> *Quando não se acredita neles, deixam de existir."*
> – Paulinho Moska

A rotina era dramática. Depois de uma noite maldormida, Eulina acordava cedo e saía em busca de trabalho. O magistério já não era prioridade. Ela precisava comer, beber e ter abrigo. Por isso, não se limitava a procurar vagas em escolas. Todos os dias, peregrinava por agências de emprego e diretamente nas empresas, na esperança de conseguir ocupação em qualquer área. Mas...

"Na hora da entrevista, eu já era barrada, pois não tinha a menor experiência. Isso é absurdo. Se ninguém dá a primeira chance, como a pessoa vai adquirir experiência?"

A cada manhã, uma nova expectativa de receber, pelo menos, um "sim". Mas, ao fim do dia, só contabilizava "não", "não", "não"... "Você não tem experiência", "Sinto muito, a vaga já foi preenchida", "Aguarde uma chamada quando houver vaga"... Um mês havia passado e... NADA.

Sem alternativa, Eulina foi obrigada, pelas circunstâncias, a lançar mão de um último recurso, guardado com estima: as joias. Elas foram trocadas por mais um mês de aluguel. A jovem, que passara a infância e a adolescência recebendo a visita de um ourives, contratado para preparar relógios, colares, brincos e anéis por encomenda, dependia agora desse "tesouro" para manter o mínimo necessário à sua subsistência.

> *"Nada de desgosto nem de desânimo.*
> *Se acabas de fracassar, recomeça."*
> – Marco Aurélio

Mas... as portas continuavam fechadas. Conclusão: fim de dinheiro, fim de hospedagem e, pior, fim de comida.

"Fui criada num ambiente de conforto e fartura. Nunca imaginei que um dia passaria por privações."

Eulina estava na sarjeta.

"Imagine-se sem nada, tendo apenas o ar para respirar. Nem água para beber eu tinha. Você passa a ser nada. Fica abaixo do nível do lixo, que tem valor para reciclagem. Já os moradores de rua são ignorados por todos. Não recebem nem sequer um cumprimento."

Ciente da miséria, Eulina refletiu sobre os valores morais construídos ao longo da vida. E tomou uma decisão definitiva: jamais se tornar vulnerável diante dos apelos e das propostas destrutivas que, certamente, surgiriam naquele mundo marginal.

"Prometi a mim mesma que nunca iria roubar, matar, me drogar ou me prostituir. Você precisa ter orgulho próprio, não orgulho de soberba, mas de alma. Não podia perder minhas referências, minha formação e meu caráter."

Na primeira noite ao relento, o medo. Eulina era jovem, bonita e ainda tinha aspecto de mulher bem tratada. Para não correr o risco de violência física, ela estabeleceu uma rotina de sobrevivência: perambular durante a madrugada, em estado de alerta, e descansar ao longo do dia. Quando a fome apertava, Eulina revirava o lixo em busca de restos de comida. E circulava pela cidade à procura de feiras livres para catar alimentos desperdiçados pelos feirantes.

"Eu também ia ao mercado central, onde havia sobras. De fome, eu tinha certeza de que não morreria. Pelo menos, não de fome de comida. Talvez morresse, sim, de fome por cidadania."

Outra decisão veio a reboque: jamais abrir mão da dignidade.

"Poderia acontecer qualquer coisa, mas eu nunca me tornaria, meramente, uma pedinte. Sempre me esforçaria para garantir minha própria subsistência. Era um orgulho da minha alma. Era o que me mantinha viva."

> "É melhor ser uma leoa por um dia do que uma ovelha a vida inteira."
> – Elizabeth Kenny

E viver significava, também, manter-se inserida no contexto social. Eulina não queria perder a referência com o sistema. Por isso, escondeu cuidadosamente os documentos, enrolados num saco plástico, sob uma vegetação do parque Dom Pedro, zona central de São Paulo, onde costumava dormir. Sabia que, um dia, voltaria a ser considerada cidadã. Para não perder o trem da história, Eulina lia jornais todos os dias. Os mesmos que, à noite, serviam de cobertor, sob os viadutos da "capital das oportunidades".

Eulina se tornara uma mendiga abandonada à própria sorte, mas procurava manter o senso crítico apurado. Além de jornais, ela recolhia revistas nas caçambas de lixo. Com isso, distinguia-se da maioria dos companheiros das ruas, que passava o tempo se entregando ao alcoolismo.

"As pessoas costumam dizer que se envolvem com álcool porque estão na miséria. Bebem para esquecer. Mas isso é desculpa. Nunca precisei recorrer a este subterfúgio."

Apesar das divergências de comportamento, o convívio de Eulina com outros mendigos era pacífico. Na época, na década de 1970, havia menos moradores de rua do que hoje. Os andarilhos eram solitários. Mas, quando se encontravam, havia um forte sentimento de fraternidade, talvez pela semelhança da condição vivida.

"Aproveitávamos para conversar, pois só tínhamos uns aos outros. Ninguém olhava pra gente, não dava nem sequer bom-dia, não puxava assunto nem se preocupava com a nossa situação. Éramos renegados."

A sensação de abandono e rejeição doía ainda mais na época de Natal. Os mendigos observavam a movimentação de pessoas felizes e apressadas, com bolsas de compras nas mãos, indo e vindo freneticamente, ansiosas pela reunião em família. Nessas horas, a solidão apertava. Para Eulina, era o momento de rever o filme da vida e relembrar com saudade as pessoas queridas e os acontecimentos alegres que haviam ficado para trás. Mas ela tinha consciência de que sua "família", hoje, era o grupo de mendigos que, com frequência, lhe fazia companhia nos dias de chuva no Castelinho da Avenida São João. Ali, entre jornais velhos, entulhos e lixo, num ambiente de mau cheiro, nasceu a ideia para o grande projeto da vida de Eulina.

"Ainda vou transformar este lugar na primeira obra social em benefício da população de rua", sonhava.

> *"A vida só pode ser compreendida olhando-se para trás. Mas só pode ser vivida olhando-se para frente."*
> – Sören Kierkgaard

Na véspera do seu segundo Natal ao relento, em meio a uma crise de solidão, ela se permitiu acreditar numa fantasia. E rogou:

"Papai Noel, se você existe, me tire daqui."

Papai Noel existe (para quem acredita). Mas nem sempre ele se apresenta com a tradicional barba branca, barriga grande e folgada roupa de cetim vermelho. Ele pode revelar-se em forma de mulher, com roupa fina de seda, perfume importado, dentro de um luxuoso carro com ar-condicionado.

O mês era novembro. O ano: 1976. Eulina não lembra se era sábado ou domingo. Mas aquele fim de semana estava predestinado a se transformar num divisor entre o olhar vazio e entristecido por 19 meses de miséria e a possibilidade concreta de um futuro com dignidade e respeito. Eulina viveria mais um dia comum, vagando pelo decadente parque Dom Pedro, não fosse o providencial contratempo de uma alta executiva de uma grande empresa, que esbravejava contra o pneu furado do carro e praguejava por causa da demora do mecânico. Ao assistir à cena, Eulina não se conteve.

– Se você se enfurece por tão pouco, imagine se estivesse na minha situação.

A observação despertou a jovem Vânia para a realidade. Ela também tinha 22 anos. E imaginou o quanto seria difícil estar nas ruas nessa fase da vida, sem perspectiva de carreira profissional, formação educacional e constituição de família. Enquanto o mecânico não chegava, Vânia se predispôs a ouvir a história da indigente solitária. E se surpreendeu com a educação e a cultura da mendiga. Eulina lhe contou sobre a exaustiva e infrutífera busca por emprego.

Sensibilizada, Vânia tomou uma atitude corajosa. Ofereceu emprego de doméstica para a desconhecida, em sua própria casa, onde lhe garantiria abrigo, alimentação e salário.

... E não é que "Papai Noel" apareceu mesmo?

"Foi a mão de Deus que conduziu aquele carro amarelo até o local onde eu estava. Dali em diante, minha vida superou minhas próprias expectativas."

> "A vida é a arte do encontro, embora haja tantos desencontros pela vida."
> – Vinícius de Moraes

Três meses mais tarde, reconhecendo o potencial da empregada, Vânia lhe arrumou um emprego de telefonista na empresa em que trabalhava – uma das maiores do ramo de laticínios do país. Por falta de experiência, Eulina não permaneceu por muito tempo na função. Deixou de atender o telefone vermelho – exclusivo do diretor –, que sempre deveria ter prioridade. E só não foi demitida por causa da intervenção da amiga, que conseguiu um remanejamento da funcionária para outro setor. Eulina passou a ser recepcionista.

A rotina de trabalho transcorria normalmente, até que um dia, na saída da empresa, Vânia deu uma carona a Eulina. Não muito longe dali, as duas avistaram o diretor da empresa, com um dos pneus do carro furado. Vânia ofereceu carona. Ao longo do percurso, o senhor Alexander teve uma conversa amigável com Eulina. A vida dos dois jamais seria a mesma. O alto executivo se apaixonou pela recepcionista – ironicamente, a ex-telefonista que ele mandara demitir por não atender a sua ligação.

"Maria Eulina, você aceita Alexander Maximillian Hilsenbeck como seu legítimo esposo?"

O "sim", proferido de forma emocionada, abria uma nova etapa na vida da noiva: a ascensão meteórica de mendiga para endinheirada integrante da sociedade paulista. Dali em diante, ela pôde realizar o desejo de ser esposa e mãe. Parecia história de conto de fadas. Tanto que, para muitos, ela passou a ser conhecida como "Cinderela Brasileira". Mas Eulina ainda tinha dois grandes sonhos: dar aulas e ajudar os pobres. Para concretizá-los, já não faltava dinheiro. Bastava botar a mão na massa. E foi o que fez. Para começar, distribuiu lençóis e alimentos na favela do Jaguaré, onde passou a conhecer a realidade das famílias pobres.

"Naquele tempo, em 1977, comecei a descobrir uma coisa muito triste: tem gente que não sonha, que já nasce sem direito de sonhar."

Eulina decidiu, então, promover encontros de mulheres de baixa instrução para discutir os problemas do dia a dia. Por meio da interação do grupo, ela obtinha depoimentos que revelavam a ignorância sobre temas básicos, como métodos anticoncepcionais, educação familiar, prevenção de drogas e direitos humanos. Algumas sofriam violência física e moral por parte dos próprios maridos. E aceitavam passivamente a submissão.

"Passei a me preocupar, especialmente, com o controle da natalidade. Era impressionante a quantidade de crianças que viviam sem a menor perspectiva de um futuro decente. Eu dizia às mães que os filhos são preciosidades. Não se deve tê-los se não há condições para criá-los..."

Eulina também fazia palestras destinadas aos jovens.

"Descobri que eles tinham uma revolta muito grande por não terem usufruído de uma mesa posta para as refeições ou de acesso à escola. Muitos eram agressivos porque nutriam inconformismo pela condição miserável."

E havia um discurso específico para as meninas.

"Eu falava sobre prostituição, educação sexual e drogas. E tentava despertar nas garotas a importância do respeito ao próprio corpo."

A experiência vinha sendo tão gratificante que Eulina decidiu ampliar seu universo de atuação. Já não se restringia às favelas. Descobriu que até mesmo em Santa Cecília, bairro de classe média onde ela residia, havia moradores de cortiços com as mesmas deficiências de formação que caracterizavam a população da periferia. Eulina montou centros comunitários e fundou associações de bairros, locais em que transmitia duas lições básicas para a criação de uma consciência coletiva: não se revoltar com o estado de abandono da comunidade e, por outro lado, não se omitir diante das injustiças sociais.

"Eles deveriam ter equilíbrio para ir à luta e fazer valer seus direitos de cidadãos, sempre valorizando o que já haviam conquistado."

"Sofremos demasiadamente pelo pouco que nos falta, e alegramo-nos pouco pelo muito que temos."
– WILLIAM SHAKESPEARE

Outra frente de atuação envolvia grupos de mulheres numa troca de experiências que poderia proporcionar rendimento financeiro às famílias. As participantes ensinavam umas às outras o que sabiam: culinária, costura, crochê, pintura, artesanato.

"Meu lema era 'transformar mãos que pedem em mãos que fazem'."

A ideia teve uma aceitação excepcional, pois preenchia o vazio da ociosidade. Estimuladas a criar uma nova fonte de renda, dezenas de mulheres aderiram ao projeto. Em pouco tempo, já eram sessenta. E Eulina percebeu que havia perdido o controle da dimensão do curso. Faltava infraestrutura para comportar tantas voluntárias.

"Fui meio irresponsável. Em vez de buscar apoio para a aquisição de matéria-prima para os cursos, cadastrei novas participantes."

A "irresponsabilidade" era por uma boa causa. O trabalho social ganhou magnitude tão ampla que passou a requerer uma organização empresarial, para dar conta das tarefas. Foram necessários 16 anos até que Eulina se sentisse preparada para assumir uma organização não governamental dirigida à assistência da população de rua. Em 3 de setembro de 1993, ela fundou o Clube das Mães do Brasil, com oficinas profissionalizantes. Faltava "só" uma sede. Ou melhor, já não faltava...

"Decidi desenvolver o projeto dentro de minha própria casa."

Mas ela havia ignorado um "detalhe": Alexander vivia sob o mesmo teto. O impasse foi inevitável. No início, a reação do marido foi de incredulidade. Em seguida, veio o inconformismo. E, por fim, a indignação. O casal entrou em rota de colisão. As brigas passaram a ser frequentes (o que, mais tarde, causaria a separação do casal, que teve quatro filhos).

"Eu explicava a ele que minha família se estendia aos meus semelhantes. E que, se passei por tanta miséria, foi para que Deus me permitisse, depois do casamento, ter condições de ajudar outras pessoas. Mas ele não compreendia."

Para dissuadir a mulher de atender mendigos em casa, Alexander chegou a abrir uma confecção para ela administrar. A tentativa foi em vão. Eulina passava pouco tempo na empresa. Ela quase sempre estava "indo ao banco" ou "visitando clientes"– os pretextos mais comuns para deixar o escritório e visitar pessoas abandonadas. A firma naufragou.

A prioridade de Eulina era desenvolver cursos profissionalizantes. O projeto havia assumido proporções empresariais e as monitoras passaram a ser remuneradas. A verba provinha da venda de latinhas coletadas no fim de shows no Anhembi e no

Centro de Tradições Nordestinas. Eulina chegava a passar fins de semana fora de casa para angariar fundos. Diante do gigantismo da obra social, ela precisava, urgentemente, adquirir uma sede própria para a instituição. Além da resistência do marido, ela passou a enfrentar a falta de espaço físico.

Foi então que Eulina conseguiu a concessão do casarão abandonado na esquina da Rua Apa com Avenida São João: o Castelinho – uma imponente construção de 1912, que fora símbolo de glamour e status. Mas o imóvel, embora tombado pelo Patrimônio Histórico do Município em 1991, já não tinha resquício do requinte original. O palacete de alvenaria de 800m^2 fora dilapidado pelo desinteresse do poder público. E passou a ter destino incerto a partir de 1937, quando foi palco de um crime hediondo: Álvaro César Guimarães Reis matou a mãe, Maria Cândida, e o irmão Armando, e suicidou-se. Sem herdeiros, a propriedade foi transferida para a União.

Mais de cinco décadas depois da tragédia, o imóvel teria novo destino: Eulina recebeu do governo federal, em 1993, permissão para ocupar o espaço por 25 anos, com a possibilidade de renovação do prazo.

Era, finalmente, a realização do sonho acalentado nas noites de insônia e devaneio que ela passara, ali mesmo, no Castelinho, ainda mendiga. Agora poderia, sem impedimentos, oferecer à população de rua aquilo que lhe fora negado tantas vezes: abrigo, comida, banho, acolhida e respeito.

O imóvel precisava de restauração. Era velho, descascado e cheirava a mofo. Mas, diante da escassez de recursos, ela teria de optar: investir na recuperação do prédio ou concentrar os esforços na proteção dos mendigos. Eulina estava firme. Havia chegado o momento de "reformar" almas.

"O Castelinho para mim é uma medalha, um marco, mas não poderia cuidar dele porque tinha seres humanos para priorizar. Fiz uma opção: entre restaurar o castelo ou restaurar vidas, escolhi as vidas."

A primeira providência: uma exaustiva faxina em regime de mutirão, com o auxílio dos próprios mendigos. Era premente tornar o lugar habitável. Foram retirados 47 caminhões de lixo e entulho. Só então Eulina pôde colocar em prática o que ela mesma chamou de "restaurar vidas". Significava muito mais do que oferecer comida. Ela condenava atitudes paternalistas e acreditava que todos têm potencial para atividades profissionais. Por isso, montou um refeitório para fornecer alimentação aos mendigos. Mas estabeleceu uma condição para o atendimento: todos deveriam matricular-se num dos cursos oferecidos pela instituição.

"Não adiantaria dar apenas comida às pessoas, pois estaríamos sustentando a miséria delas. Com a caridade, você serve momentaneamente a alguém. Mas, com o social, você põe a mão na massa, assume um compromisso."

A partir de então, Eulina saiu em campo para sensibilizar a sociedade sobre a importância do trabalho implementado. Pediu apoio a empresários e despertou a atenção dos meios de comunicação. Por meio de entrevistas, difundia propostas e angariava a simpatia do público. Dentre os momentos de maior repercussão, destacam-se as entrevistas concedidas nos programas da Xuxa e do Jô Soares, na TV Globo. Até hoje, são as doações – fixas ou eventuais – que sustentam a maior parte da obra social. E, para conquistar apoio, é fundamental transmitir credibilidade.

"Muitas pessoas desconfiam de entidades que pedem ajuda, mas é preciso ressaltar que existem instituições sérias e honestas no Brasil."

Apesar das contribuições financeiras, a dimensão do trabalho é tão abrangente que o dinheiro nunca é suficiente para arcar com as despesas. O Castelinho está sempre no vermelho. Por isso, precisa buscar permanentemente a adesão de novos colaboradores.

O refeitório serve, em média, trezentas refeições diárias. Não só para moradores de rua, mas também para desempregados. No primeiro domingo de cada mês, o encontro "Cidadania com morador de rua" amplia a oferta de almoço para até mil pessoas. Nessa ocasião, o número de voluntários no refeitório chega a cem. Parceiros que se orgulham de doar tempo e esforço em benefício dos necessitados. Gente que, chova ou faça sol, mesmo doente, não perde a chance de compartilhar momentos de solidariedade.

O serviço de higiene pessoal é utilizado por, pelo menos, cem pessoas, que tomam banho todos os dias na instituição. A conta de água era estratosférica: chegava a R$ 2 mil. Mas a iniciativa de uma arquiteta voluntária deu uma solução simples ao problema. Ela projetou e mandou abrir um poço artesiano no Castelinho. A água é utilizada para banho e para a lavagem da instituição. A água encanada e tratada – que custa caro – passou a ser reservada para o preparo da comida e para beber. A conta despencou para R$ 100 mensais. Já a de luz fica na faixa de R$ 1 mil. E, segundo Eulina, não há isenção de impostos, apesar de sucessivos pedidos.

O galpão das oficinas (aberto num imóvel próximo), alugado por R$ 1.500 por mês e que chegou a abrigar permanentemente 130 pessoas, teve de ser fechado. O Clube das Mães do Brasil não teve dinheiro para a despesa e Eulina registrou o próprio apartamento em garantia das dívidas acumuladas, que chegavam a R$ 25 mil. Para não perder o imóvel da família, ela fez um acordo com o proprietário do galpão para pagar R$ 500 por mês (durante quatro anos). Os abrigados tiveram de voltar para as ruas. E as oficinas foram transferidas para as salas no Castelinho, em menor número, por causa do espaço limitado.

Com o apoio do Senai, professores dão aulas de bordado, corte e costura, culinária e artesanato, entre outros cursos. Os aprendizes são estimulados a desenvolver suas potencialidades, buscar autossuficiência e valorizar a cidadania. E ainda ganham pela produção. Uma loja no Castelinho vende artigos fabricados pelos alunos.

Os cursos são abertos para toda a comunidade. Os que podem pagar a mensalidade financiam as aulas para os alunos pobres, que recebem bolsas de estudo. Há sempre um déficit nessa relação. O dinheiro nunca é suficiente para a manutenção do projeto. Mas as portas estão abertas.

"Qualquer pessoa que precisar de ajuda pode nos procurar."

"Se deres um peixe a um homem, ele alimentar-se-á uma vez.
Se o ensinares a pescar, alimentar-se-á durante toda a vida."
– KUAN татс

A iniciativa já retirou milhares de pessoas das ruas. Desde 1996, quando começaram os cursos, Eulina já capacitou mais de 65 mil profissionais. Destes, quatro mil eram moradores de rua. E ela estima que 3.200 mudaram de vida, conseguindo emprego em São Paulo ou voltando para a terra natal com uma nova perspectiva. Oitocentos teriam retornado para a mendicância, mas com uma formação que poderia valer, no futuro, uma nova chance.

"O fato é que todos saíram das aulas melhores do que entraram... Esse é o meu maior prêmio. É o que me mantém de pé."

Em alguns casos, o sucesso profissional de ex-alunos da instituição chegou a extrapolar as expectativas. Foi o caso de um ex-interno que conseguiu ingressar na faculdade. Muitos se tornaram monitores dos próprios cursos em que haviam se matriculado. Já outros fazem a manutenção do prédio e ajudam a preparar as refeições de todo o grupo.

Se o dinheiro é escasso, o mesmo não se pode dizer dos projetos para o Clube das Mães. Novas iniciativas se sucedem. Em maio de 2002, foi inaugurado o "Projeto Brasileirinho Cidadão", para cerca de cem alunos de 5 a 14 anos. São crianças pobres, que ficariam em casa, sem orientação adequada, enquanto os pais trabalham. No Castelinho, elas têm recreação, teatro e reforço escolar.

O ponto de partida é a bandeira brasileira. Com o símbolo nacional sobre a mesa, Eulina evoca o respeito ao país e enfatiza que o lema "Ordem e Progresso" pressupõe o comprometimento de cada brasileiro com a construção de uma sociedade justa e igualitária. O trabalho no Castelinho permite a Eulina realizar o sonho do magistério. Mas de maneira informal.

> "Meu trabalho consiste em duas frentes: educo para que as crianças amem o país e tenham consciência de cidadania; e utilizo a literatura e as artes cênicas para que elas aprendam a interpretar um texto. Não ensino a ler. Isso é função da escola. Mostro como compreender o que é dito, para que elas saibam interagir com o meio em que vivem."

Uma das estratégias para conquistar a confiança dos alunos é estimular a autoestima. Eulina não mede esforços para mostrar o valor da turma. Em 2005, durante uma excursão a Mossoró (RN) para palestras, ela foi convidada a permanecer por mais dois dias na cidade, para lazer e turismo. Mas não aceitou a oferta porque, no dia seguinte, daria aula no Castelinho. Os alunos se emocionaram com a atitude da "tia".

– A senhora só voltou por causa da gente? – indagou um menino.

O carinho das crianças por Eulina é uma alegria diária. Mas, sempre inquieta, ela já tem um novo objetivo: fundar uma instituição em São José dos Basílios, sua terra natal, para atender gestantes. Lá, o índice de mortalidade no parto é elevado e Eulina quer mudar essa realidade construindo um hospital para acompanhamento das mulheres durante a gestação e após o parto.

Para Eulina, a falta de assistência às grávidas no sertão maranhense reflete o mesmo descaso com os indigentes na capital paulista. O poder público, segundo ela, coisifica as pessoas. É por isso que, de acordo com Eulina, os mendigos são "depositados" em albergues, que não oferecem possibilidade de reintegração social.

"Só comida e cama não resolvem o problema. O morador de rua vai para o albergue, sai de lá e volta para a sarjeta, sem chance de recuperar a dignidade."

Católica, Eulina segue a filosofia dos apóstolos André, João, Pedro e Thiago, que, atendendo a um chamado de Jesus Cristo, abandonaram um barco no mar para fazer outro tipo de pesca... a pesca de vidas, pesca de almas.

"É preciso oferecer educação para que as pessoas possam trabalhar, ganhar seu próprio dinheiro e comprar o que necessitam. Essa é a ajuda que fica para sempre... Em vez de dar o peixe, ensinar a pescar. Enquanto eu viver, vou lutar para eliminar a palavra "fome" da vida das pessoas."

Eulina lembra o pensamento da escritora Rachel de Queiroz, eternizada pela Academia Brasileira de Letras: "Nós somos imortais, mas não somos imorríveis." A "Cinderela Brasileira", como Eulina costuma ser chamada, revela quem são, de fato, as pessoas que ficam para a posteridade:

"Os verdadeiros imortais são aqueles que fazem a sua parte pelo bem coletivo. E que plantam uma semente para as futuras gerações."

"A verdadeira riqueza de um homem é o bem que ele faz neste mundo."
– MAOMÉ

Maria de Fátima: vigor, disposição e alegria, apesar de tudo

Sete da manhã. O relógio biológico acorda uma mulher que não tem tempo a perder. Não é preciso despertador. A consciência do dever a ser cumprido é suficiente para que a agenda de compromissos seja observada com rigor já a partir das primeiras horas do dia. E o corpo, sozinho, responde naturalmente a essa necessidade. A primeira atividade, de higiene pessoal, se estende até oito da manhã. É uma etapa lenta, que requer cuidados especiais. Após um café da manhã frugal, começam os trabalhos do dia: a preparação das aulas particulares de matemática e gramática e também dos textos religiosos para os serviços de catequese e liturgia da Igreja de Santa Teresinha do Menino Jesus. Uma manhã cheia, permeada também por numerosos contatos telefônicos de pessoas em busca de conselhos e orientações.

A parada para o almoço tem hora marcada: 12h30. O cronograma foi planejado para garantir que tudo seja feito com eficiência, sem atrasos. Depois de trinta minutos à mesa, e de uma pequena pausa para descanso, chega a hora de receber os alunos. Das 13h30 às 14h, os estudantes batem à porta e se preparam para mais uma tarde de aprendizado. A aula vai até as 16h. A partir daí, o restante do dia é imprevisível. São atividades diversas, de caráter social e familiar. Visita a parentes e amigos, realização de palestras, participação em eventos religiosos, festas e comemorações. E também as tarefas do dia a dia: ida ao supermercado, centro comercial, correios. Uma rotina tão dinâmica não teria nada de extraordinário se não fosse uma peculiaridade da protagonista: Maria de Fátima Longo, 51 anos, moradora de Botucatu (SP), é portadora de uma deficiência física rara. Ela nasceu sem braços e sem pernas. Só tem tronco e cabeça. Mas, desde cedo, revelou inteligência e perspicácia capazes de alçá-la a uma vida considerada – por ela mesma e por todos que a cercam – surpreendentemente normal. Ela precisa, obviamente, de assistência, em decorrência das limitações impostas pela falta dos membros. Mas desenvolveu habilidades de forma natural, que a credenciam para, muitas vezes, ter iniciativas e cumprir tarefas por conta própria. O tempo mostrou que a boca e a língua podem ser instrumentos úteis para substituir as mãos. Maria de Fátima se alimenta sozinha, levando a boca diretamente ao prato e encaixando o copo ou a xícara entre o queixo e o ombro; digita o telefone utilizando a ponta da língua para teclar os números; e consegue até escrever, fixando a caneta aos lábios ou no ombro. E não perde o senso de humor.

> "Enquanto algumas pessoas escrevem apenas com a mão direita ou com a esquerda, eu tenho duas opções: a boca ou o ombro. A minha letra é mais bonita quando é feita com a boca."

> *"A força não advém da capacidade física,*
> *e sim de uma vontade indomável."*
> –Mahatma Gandhi

O bom humor é uma constante na vida da professora, formada para o magistério no Colégio Santa Marcelina e em Ciências

Sociais na Faculdade Instituto Toledo de Ensino. Um sintoma importante da construção de uma autoestima que vem desde a infância, quando convivia com seis irmãos perfeitos fisicamente e com os amigos da Escola Municipal de Botucatu. As notas sempre foram boas.

"Muitas vezes, as pessoas têm braços e pernas, mas parece que não têm cabeça, pois não usam o cérebro para seu próprio crescimento. Eu não tenho os membros, mas sempre procurei valorizar minha capacidade de raciocínio."

> *"O destino lhe atira uma faca. Cabe a você decidir se a pegará pelo cabo e a usará a seu favor ou se a pegará pela lâmina e se cortará."*
> – Provérbio chinês

Maria de Fátima tomou consciência da deficiência física aos 6 anos, quando as brincadeiras de parentes e colegas da Escola Municipal de Botucatu (onde estudou da primeira à quarta série) se tornaram frequentes e ela se via impossibilitada de participar. As crianças – inclusive os seis irmãos dela (três meninos e três meninas) – corriam, pulavam corda, brincavam de esconde-esconde, subiam em árvore, e a pequena Maria de Fátima ficava travada na cadeira de rodas. Tal impacto poderia ter sido destrutivo não fosse a capacidade de superação e o amor-próprio. Também foi decisiva a postura da família e dos amigos na compreensão dos limites físicos da menina, evitando criar barreiras que exacerbassem as diferenças com as outras crianças.

"Nunca fui discriminada. Quando vi que os colegas eram fisicamente distintos de mim, mas me tratavam de igual para igual, percebi que as diferenças poderiam até aproximar as pessoas, dependendo da forma como tudo era encarado. As crianças me achavam divertida. E eu pensava: 'Tudo bem, papai do céu é que me fez assim.'"

> *"Quando sonhar em ser algo diferente, pense que sonhar com aquilo que gostaria de ser é desperdiçar aquilo que você é!"*
> – HELEN KELLER

Apesar de lidar bem com a deficiência, Maria de Fátima requeria, na prática, uma série de atenções especiais que os pais, por terem outros seis filhos, não tinham condições de oferecer. Faltavam tempo e dinheiro. O pai, Lourenço, hoje com 76 anos, aposentado e paralítico, era pedreiro e lutava com dificuldade para o sustento da família. Dona Hermelinda Burzaca Longo, falecida em 2003, dividia seu tempo na administração da casa e na atenção aos filhos e ao marido.

Maria de Fátima ficou até os 5 anos na casa dos pais. A partir daí, foi viver com os avós e a tia Rosa, mas nunca deixou de contar com a presença de Lourenço e Hermelinda. Foram 33 anos ao lado da tia, responsável por momentos marcantes – inclusive os primeiros passos na alfabetização da sobrinha. Com a morte de Rosa em 8 de setembro de 1992, Maria de Fátima passou a viver com outra tia, Maria da Conceição, que a acompanha até hoje. Uma senhora forte, com vigor suficiente para ser os braços e as pernas da sobrinha, quando isso se faz necessário. Ela é a acompanhante de todas as horas que auxilia Maria de Fátima nas tarefas mais básicas: banho, penteado, escovação de dentes, higiene pessoal, preparo de refeição e uma boa produção na sobrinha (vaidosa) na hora de se arrumar para os eventos. Maria de Fátima gosta de usar maquiagem, bijuterias e vestidos leves e de bom gosto.

Segura de si, ciente da imagem altiva que transmite, Maria de Fátima consegue influenciar positivamente as pessoas com quem se relaciona, a ponto de alterar comportamentos e pontos de vista. Isso tem sido feito por meio de diversas formas de expressão: palestras e entrevistas, trabalho de agente pastoral da igreja, visitas a instituições e conversas do dia a dia. Um dos exemplos mais emocionantes da interferência saudável de sua existência na vida de alguém aconteceu num consultório médico, com uma mulher que Maria de Fátima sequer conhecia. Um casal havia procurado uma clínica para contratar serviço de aborto. Enquanto o marido preenchia o formulário no balcão, a esposa, na sala de espera, folheava descontraidamente uma edição da revista *Família Cristã*. Mal sabia o impacto que uma das reportagens iria lhe causar.

Em uma das páginas havia um artigo sobre uma mulher sem braços nem pernas que vinha conquistando espaço numa sociedade competitiva a partir do poder da determinação e da força de vontade. Essa mulher era Maria de Fátima Longo. Para a jovem gestante, ficou claro que, apesar de qualquer percalço, é possível vencer na vida. A existência valeria sempre a pena. Ela começou a chorar, num misto de vergonha e remorso, pela atitude que estava prestes a tomar. O descontrole emocional da jovem atraiu a atenção de todos, principalmente do marido, perplexo com a mudança repentina de comportamento da mulher. Depois de um tempo para recompor o equilíbrio, ela explicou, constrangida, o motivo de tanta emoção: mais do que nunca, ela queria o filho! Passou a enxergar a maternidade como uma dádiva. A ideia do aborto era uma página virada.

"Fiquei sabendo dessa história porque o casal escreveu uma carta para mim, agradecendo pelo nascimento do bebê e dizendo carinhosamente: 'Que bom que você existe!'. Ler aquele relato foi uma das experiências mais emocionantes que já vivi. O fato de eu existir, e narrar minhas impressões sobre a vida, fez com que um ser humano viesse a este mundo."

> *"Qualquer destino, por mais longo e complicado que seja, vale apenas por um único momento: aquele em que o homem compreende de uma vez por todas quem é."*
> – Jorge Luís Borges.

Para Maria de Fátima, influenciar positivamente a vida das pessoas é uma espécie de missão, um nobre papel a ser cumprido, do qual ela tem plena consciência. A disponibilidade para dar atenção ao próximo transmite confiança. Até mesmo para os jovens – que, pela rebeldia típica da idade, se acham autossuficientes – Maria de Fátima representa uma figura passível de diálogo, com quem é possível fazer confidências. Ela é aquela "tia" para todas as horas, que usa o carisma e a credibilidade para entrar na intimidade do interlocutor sem, no entanto, extrapolar o espaço que lhe é oferecido.

Foi assim que Maria de Fátima soube da gravidez de uma adolescente de 15 anos a quem dava aulas. Ninguém na família da jovem sabia do fato. E ela tinha pavor da ideia de conversar com os pais, pois tinha certeza de que seria duramente repreendida. Espontaneamente, Maria de Fátima assumiu a delicada tarefa de comunicar a notícia à mãe da menina, enfatizando que, naquela hora, o mais importante era a compreensão e o apoio. Ponto para a professora. O diálogo foi fundamental para que a paz prevalecesse na relação familiar. O bebê nasceu com saúde e se tornou motivo de alegria para todos. Anos mais tarde, a jovem mãe convidou Maria de Fátima para crismar a menina.

"Para mim, isso foi um belo presente. Adoro crianças. Elas simbolizam o que há de mais puro no ser humano. Não discriminam ninguém, não agem com preconceito."

Em sala de aula, o maior desafio era, exatamente, fazer com que adolescentes da quinta à oitava séries mantivessem os valores inatos da infância, sem se deixar contaminar pelos apelos nocivos de um sistema social viciado e deformado. Mais difícil do que ensinar português, inglês e matemática era incutir nos jovens essa noção de equilíbrio e igualitarismo que, para as crianças, sempre foi natural. Intuitivamente, Maria de Fátima percebeu que, para fortalecer o vínculo afetivo com os adolescentes – e assim obter melhores resultados no comportamento deles na vida social –, seria necessário ultrapassar a fronteira da sala de aula.

"Não basta só passar conhecimentos acadêmicos, mas conceitos de vida."

Depois da hora do quadro-negro, ela abria mão do bate-papo na sala dos professores e ficava disponível para uma conversa informal com os alunos. Ali era uma tribuna livre onde as pessoas diziam o que queriam, inclusive suas particularidades – um universo infindável de surpresas e revelações.

"O curioso é que eu também aprendia muito com eles. Experiências de vida distintas, dilemas, dramas e satisfações. Ao fim da conversa, eu não sabia quem tinha saído mais enriquecido do encontro: eles ou eu."

Nesse período, Maria de Fátima percebeu, mais do que nunca, que a agressividade revelada no caráter de muitos jovens não é necessariamente inerente a eles, mas sim fruto do meio em que vivem, reflexo das deturpações sofridas em casa, nos clubes, enfim, no ambiente social.

"Quem é tratado sem amor se torna antissocial, hostil, às vezes até raivoso. Se robotiza a partir de uma pressão externa adversa. Mas isso não significa que não possa mudar. Muitas pessoas têm, dentro de si, um grande potencial para a confraternização. É uma questão de oportunidade. Acredito que a felicidade depende, em grande parte, do ambiente em que o indivíduo está inserido. Para ser feliz, é preciso estar em harmonia com o mundo."

Essa visão otimista sobre a crença na felicidade sempre despertou o interesse das pessoas. No interior paulista, Maria de Fátima se tornou referência quando o assunto é a construção de uma personalidade capaz de identificar motivos de júbilo em circunstâncias aparentemente desfavoráveis. Ela não se atém à condição de deficiente física; ao contrário, vibra pelas dádivas que possui (enxerga, ouve, raciocina, fala, e, mais que isso, agrega em torno de si muitos admiradores).

O autorreconhecimento e a vontade de ajudar na formação das pessoas se traduzem na vocação para uma boa conversa. Maria de Fátima está frequentemente rodeada de gente interessada em ouvir suas histórias. E, sempre que tem oportunidade, leva o testemunho a uma plateia mais abrangente. Nunca declina de um convite que lhe permita se fazer conhecer.

Em maio de 2005, Maria de Fátima foi convidada pelo padre Delair Sebastião Cuerva para uma entrevista na TV Século XXI, em Valinhos (SP). O nome do programa é sugestivo: "Você pode ser feliz". Vai ao ar às sextas-feiras de manhã. Além de falar sobre sua vida, ela demonstrou algumas habilidades, como escrever, pintar tecido, fazer tapeçaria, colocar linha na agulha e usar o computador, com um mouse adaptado ao teclado. Soube, mais tarde, pela direção da emissora, que o programa havia registrado uma das maiores audiências do horário.

Maria de Fátima também costuma viajar para várias cidades do interior paulista como missionária da Congregação Oblatas Redentoristas, que leva aconselhamentos e testemunhos de vida às comunidades. Ela já esteve em Mogi das Cruzes, Bauru, Jaú, Susano e São Manoel, só para citar algumas. Fora do estado, já viajou, não pelo grupo de missionárias, mas a convite de instituições, para cidades como Aparecida do Tabuado e Catanduva (PR) e Cachoeiro de Itapemirim (ES). E fez palestras para centenas de pessoas.

"Não me canso de falar sobre a vida. Não tenho revolta por ter nascido sem os membros. Me adaptei a essa condição. E transmito força a quem está diante de mim. Sempre lembrando da importância da fé para minha caminhada. A religião me ajuda a entender e aceitar tudo isso."

"A ação nem sempre traz felicidade, mas não há felicidade sem ação."
– BENJAMIN DISRAELI

Maria de Fátima é católica atuante. Coordena a liturgia e a catequese de adultos na Paróquia de Santa Teresinha do Menino Jesus. Ela promove encontros de casais e de jovens, sempre de forma irreverente, transmitindo valores importantes para a sociedade, sem cair na armadilha dos dogmas da Igreja. Ciente da evolução do homem, em pleno século XXI, Maria de Fátima contesta normas eclesiásticas que considera arcaicas. Defende o uso de preservativos, apoia as pesquisas de células-tronco e lamenta que o conservadorismo do clero esteja afastando os fiéis. O que não a impede, apesar das discordâncias conceituais, de se emocionar na presença de um papa. Em 1995, pelas mãos de um amigo, o padre vaticanista Roberto Carrara, Maria de Fátima teve o privilégio de ser recebida por João Paulo II.

"Ele me abraçou e beijou. Perguntou a que Diocese eu pertencia. E me abençoou. Um momento que jamais vou esquecer. Voltei para o Brasil espiritualmente revigorada."

A ida ao Vaticano foi uma das várias viagens internacionais da professora. Ela também já esteve em Portugal, Itália e Israel, onde ficou comovida na terra santa (Galileia, Belém, Nazaré). Curiosamente, mesmo tendo necessidades especiais, com acompanhamento permanente, Maria de Fátima não receia usar qualquer meio de transporte, nem mesmo avião. Nunca pensa na hipótese de que possa ocorrer um acidente e, ela, sem braços nem pernas, fique impossibilitada de agir.

– Jamais penso negativamente. Nunca tive pânico pela dependência. Sei que não estou aqui por acaso. Deus me fez dessa forma. Se houver algum problema, Ele vai dar um jeito... – diz Maria de Fátima, com bom humor.

O jeito irreverente, até engraçado, é uma constante. Nos encontros, ela procura falar de forma divertida e até conta piadas (inclusive reais, experimentadas por ela própria). Uma das mais cotadas é sobre as brincadeiras entre um delegado de Botucatu, chamado Antônio, e Maria de Fátima. Amigos de longa data, eles tinham o hábito de implicar carinhosamente entre si.

"Não te chamo mais para nenhuma solenidade oficial, Maria de Fátima. Você nunca fica de pé, não bota a mão no peito na hora do Hino Nacional nem me aplaude depois dos discursos."

"Em compensação, Antônio, se eu cometer alguma ilegalidade, você nunca vai ter o prazer de me algemar."

E os dois sempre caíam na gargalhada.

Nas festas, em vez de ficar reclusa num canto do salão, Maria de Fátima escolhe a pista! Isso mesmo. Com frequência, ela é convidada para dançar! O parceiro (e existem vários "concorrentes") a carrega no colo e até brinca: "Não vá pisar nos meus pés."

"Nunca fico deprimida. Busco, sim, meios de ter acesso a qualquer lugar e garantir que outros deficientes também melhorem sua condição de vida."

Para fazer valer os direitos dos portadores de deficiência física em Botucatu, Maria de Fátima decidiu entrar para a política. Em 1996 foi eleita vereadora, com 3.139 votos (a mulher mais votada na história da cidade). Assumiu em 1997 (sendo a terceira mulher a ocupar uma vaga na Câmara Municipal) e permaneceu no gabinete até o fim do mandato, em 2000.

Tentou se eleger deputada estadual, mas não alcançou número suficiente de votos. Precisaria de muito dinheiro para investir na campanha e ganhar projeção em todo o estado, o que não foi possível. Ela percebeu o quanto o poder econômico é determinante na política em âmbito mais abrangente. Daí em diante, afastou-se do Legislativo.

Durante o período de trabalho na Câmara, conseguiu a aprovação de uma lei que obriga a única empresa de ônibus da cidade a ter, pelo menos, dois veículos equipados para receber deficientes físicos. Quem faz fisioterapia tem o privilégio de ser buscado em casa. O passageiro marca a hora e o motorista do ônibus vai até a residência, para levá-lo à clínica. Esse projeto se chama "Criando Asas".

Depois de deixar a Câmara, Maria de Fátima não pôde mais propor leis, mas manteve a atividade numa instituição que auxilia os portadores de necessidades especiais: a Associação de Deficientes Físicos de Botucatu, Adefib, fundada por ela em 1984 e que conta com o apoio de empresários e convênio com o poder público. Ela também preservou alguns contatos no Legislativo, para nunca deixar de dar ideias para o aprimoramento das normas de defesa dos direitos dos deficientes.

"Participo como cidadã, mas mantendo uma distância estratégica. Não me envolvo mais com política partidária e acho que, nos últimos anos, houve uma grande perda de credibilidade na categoria. O povo está cada vez mais decepcionado com os dirigentes."

Hoje, a Adefib atende oitenta pessoas cadastradas, sendo 63 crianças, algumas delas portadoras de Síndrome de Down. A luta na realização do trabalho assistencial sempre foi árdua. A associação conseguiu sede própria apenas em setembro de 2005. Além de oferecer terapia, a Adefib promove cursos de capacitação em diversas áreas, como computação, tapeçaria e bordado; fornece refeições aos associados e mantém um centro de convivência no qual as pessoas trocam experiências e melhoram a integração social. Ali elas ganham maior consciência da cidadania. Um dos integrantes é o melhor exemplo da calorosa acolhida na entidade. Alessandro, 30 anos, é surdo-mudo e, como tal, poderia ser atendido em uma instituição especializada nessa área. A Adefib não é direcionada à assistência de deficientes auditivos. Mesmo assim, ele preferiu estar com o grupo de Maria de Fátima. Ele não apenas recebe assistência quando precisa, como também é voluntário no auxílio a quem chega em busca de ajuda.

"Ele faz de tudo. Tornou-se uma peça importante na estrutura da entidade."

Em 2006, Maria de Fátima teve mais um reconhecimento pela regularidade com que se dedica à causa dos portadores de deficiência. A Conferência Nacional dos Bispos do Brasil (CNBB) instituiu como novo tema da Campanha da Fraternidade a causa dos deficientes. O lema: "Fraternidade e Pessoas com Deficiências." Maria de Fátima foi um dos destaques para ilustrar os folhetos da campanha. E levou seu exemplo a um público ainda maior.

"A vida tem a cor que se pinta."
– Mário Bonatti

Um dos maiores motivos de orgulho de Maria de Fátima é exatamente aglutinar em torno de si pessoas de grande valor moral e espiritual, que se disponibilizam a dar o melhor de si na concretização dos projetos e das causas que ela idealiza. Além de Alessandro, ela conta, por exemplo, com a presença frequente do taxista Quintino, que a transporta para todos os lugares, nas horas necessárias. Também se destaca o padre Delair Sebastião Cuerva, pároco da Igreja de Santa Teresinha do Menino Jesus. O religioso respeita tanto os pontos de vista de Maria de Fátima que, antes de programar as cerimônias especiais, telefona para a amiga para pedir sugestões e consultar sobre os rumos da liturgia.

Em 1º de outubro de 2005, na festa de comemoração do dia da santa (evento mais importante para os católicos da comunidade), Maria de Fátima ficou diante da primeira fila dos bancos da igreja, coordenando todo o trabalho. Dezenas de pessoas envolvidas na organização do evento buscavam, constantemente, seus aconselhamentos para que tudo desse certo. Figura popular no município, ela também é sempre procurada por pessoas que querem, simplesmente, cumprimentá-la.

Assim, no meio de tanta gente conhecida, Maria de Fátima se sente confortável. Mas nem sempre os ambientes que ela visita são considerados favoráveis. E é justamente em locais desconhecidos – às vezes aparentemente até hostis – que ela cumpre seu maior desafio: levar sua mensagem a quem nunca ouviu falar dela, e que, em tese, teria motivos para ignorá-la. Uma cadeia, por exemplo. Foi o que aconteceu, em meados dos anos 1980, na penitenciária de Avaré, no interior paulista.

"Eu estava apreensiva e não sabia qual seria a reação dos presidiários diante de meu discurso. Ali havia ladrões, assassinos, estupradores, uma mistura de mentes supostamente perversas. Gente que teria cometido crimes e que possivelmente não daria a menor importância ao que eu tinha a dizer."

"O homem está sempre disposto a negar tudo aquilo que não compreende."
– Pascal

A visita foi surpreendente. Principalmente pelo desfecho. Depois de uma palestra em que a plateia de detentos a ouviu com atenção e respeito, ela foi aplaudida e, antes de sair da sala, foi procurada por um dos presos, que se ofereceu para levá-la até a porta.

"Fiquei com medo, apesar do aparato policial. Não sabia se o presidiário poderia cometer algum ato insano para me prejudicar."

Aleksander, o oitavo da esquerda para a direita, era um dos meninos mais altos. Na fila para a sopa no gueto de Lodz, as crianças eram obrigadas a sorrir.

Aleksander com as anotações para sucessivas palestras, que conscientizam as plateias sobre o respeito à humanidade.

Frei Anselmo pronto para atender os fiéis no convento de Santo Antônio.
Ele vê com a alma e anima quem está ao redor.

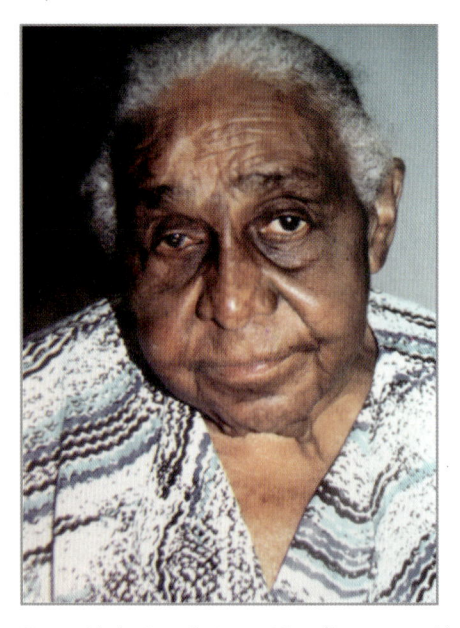

Nem a idade tirou de Aparecida a fibra para cuidar
do Lar da Caridade, criado com tanta dedicação.

Cléa: incansável na busca pelos restos mortais da filha e na luta pelos direitos humanos.

Dayse e a vista deslumbrante de seu apartamento, onde superou os próprios preconceitos.

Orgulhosa do Brasil, Eulina oferece não apenas comida, mas instrução e cidadania no castelo dos sonhos.

Eulina ainda jovem, antes da viagem para São Paulo que mudaria sua vida.

Deusa suportou as próprias dores para dar
atenção a quem precisava de ajuda.

Maria de Fátima: apesar da deficiência física,
sorriso permanente e alegria de viver.

Para Maria do Carmo, a filha Thaiz renasceu na vida de pessoas que receberam os órgãos da jovem.

Solange: serenidade conquistada a duras penas e técnica infalível para salvar vidas.

Valéria, vitoriosa na luta diária contra a aids, segura o saudável Miguel Arcanjo, símbolo da coragem da mãe.

Vera: coragem para se reconstruir na incessante busca pela filha e pela preservação dos direitos humanos.

Virgínia na cadeira de rodas que lhe dá asas e liberdade de ação.

Aleksander, o oitavo da esquerda para a direita, era um dos meninos mais altos. Na fila para a sopa no gueto de Lodz, as crianças eram obrigadas a sorrir.

Aleksander com as anotações para sucessivas palestras, que conscientizam as plateias sobre o respeito à humanidade.

Frei Anselmo pronto para atender os fiéis no convento de Santo Antônio.
Ele vê com a alma e anima quem está ao redor.

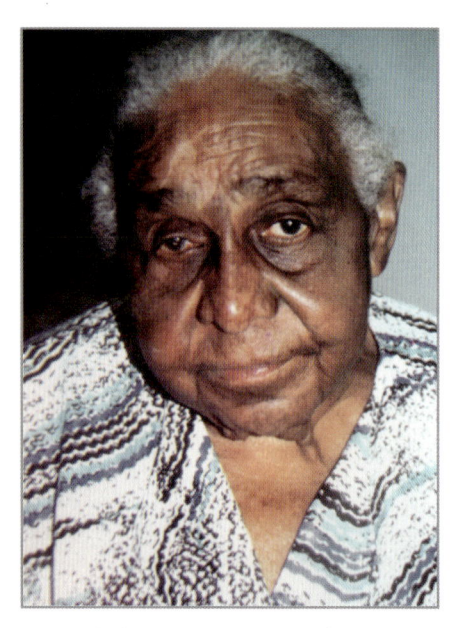

Nem a idade tirou de Aparecida a fibra para cuidar
do Lar da Caridade, criado com tanta dedicação.

Cléa: incansável na busca pelos restos mortais da filha e na luta pelos direitos humanos.

Dayse e a vista deslumbrante de seu apartamento, onde superou os próprios preconceitos.

Orgulhosa do Brasil, Eulina oferece não apenas comida, mas instrução e cidadania no castelo dos sonhos.

Eulina ainda jovem, antes da viagem para São Paulo que mudaria sua vida.

Deusa suportou as próprias dores para dar atenção a quem precisava de ajuda.

Maria de Fátima: apesar da deficiência física, sorriso permanente e alegria de viver.

Para Maria do Carmo, a filha Thaiz renasceu na vida de pessoas que receberam os órgãos da jovem.

Solange: serenidade conquistada a duras penas e técnica infalível para salvar vidas.

Valéria, vitoriosa na luta diária contra a aids, segura o saudável Miguel Arcanjo, símbolo da coragem da mãe.

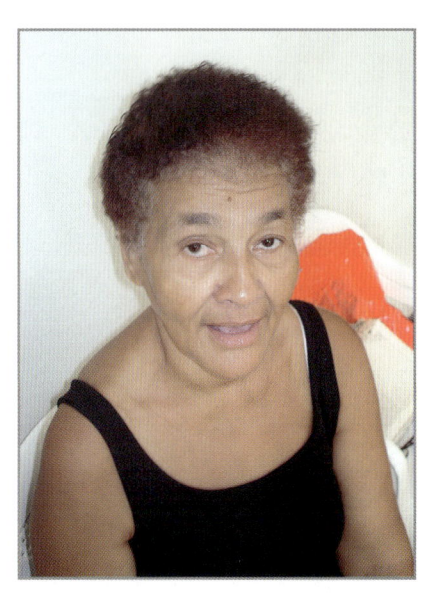

Vera: coragem para se reconstruir na incessante busca pela filha e pela preservação dos direitos humanos.

Virgínia na cadeira de rodas que lhe dá asas e liberdade de ação.

O ato que se seguiu estava longe de ser insano. Pelo contrário. O homem, preso por estupro, disse palavras que ela jamais vai esquecer:

"Obrigado pela visita. E vou dizer uma coisa: neste momento, eu me arrependo de tudo que fiz. E de agora em diante serei outra pessoa."

"Nenhum pessimista jamais descobriu o segredo das estrelas, nem velejou a uma terra inexplorada, nem abriu um novo céu para o espírito humano."
– HELEN KELLER

Maria do Carmo: na trajetória de uma bala, o fim de um sonho e o começo de uma nova vida

"Minha filha! Minha filha! Nossa Senhora Aparecida, ajude minha filha! Salve minha filha!"

22 de abril de 1997. Sete da noite. Maria do Carmo corre pela casa. Desespero total. Gritos pela terrível notícia que acabara de receber pelo telefone. Sensação de impotência. Do outro lado da linha estava João Cláudio, testemunha de um crime que viria a mudar para sempre a vida de toda a família e que provocaria, na época, a indignação da sociedade, refém da violência urbana.

24 de abril de 1997. Hospital Mário Leoni, Duque de Caxias. Thaiz Correia Fernandes, 18 anos, morre em consequência de uma bala perdida e engrossa a lista das vítimas de um crime cada vez mais comum e quase sempre relegado a segundo plano nas investigações policiais. Para a jovem, de 18 anos, fim da vida. Para a mãe, o começo de uma história de lutas e conquistas.

24 de abril de 2007. Maria do Carmo Correia Fernandes, 55 anos, lembra os dez anos da morte da filha com resignação. Hoje ela reconhece a força que já existia dentro de si, quando, ainda no hospital, após o falecimento de Thaiz, decidiu pela doação de órgãos. Uma ideia que ela sempre havia contestado, por causa da

suspeita do comércio ilegal de órgãos, mas que acabou representando a chance de preservar simbolicamente a presença da filha por intermédio da vida dos receptores.

Dias depois do enterro, ao arrumar os objetos pessoais de Thaiz, Maria do Carmo teve uma grata surpresa e um momento de profunda emoção. Ela encontrou numa agenda uma frase bíblica que revelava a crença da jovem em seu papel de ajuda ao próximo.

> *"Muitos são chamados, poucos são os escolhidos."*
> – Mateus, XXII: 1-14

A descoberta desse pensamento deu alento a Maria do Carmo. E sacramentou sua convicção de que a doação dos órgãos de Thaiz fora uma atitude louvável.

> *"O prêmio da boa obra é tê-la realizado."*
> – Sêneca

"Tive a certeza de que meu gesto seria aplaudido por minha filha."

Maria do Carmo estava em paz.

Thaiz era jogadora de basquete do Grajaú Country Clube e defendia a seleção juvenil carioca. Como toda jovem idealista, ela também vivia a expectativa de um futuro promissor no esporte. Sua dedicação era integral. Mas a disciplina se restringia às quadras. Em casa, se transformava: era bagunceira e brincalhona. O oposto da irmã Michelle, um ano mais velha, metódica e organizada. Quando as duas discutiam, Thaiz encerrava logo a "briga" filosofando: "Esqueça isso, a vida é tão curta."

"É como se ela tivesse uma premonição de que viveria pouco tempo. Ela sempre comentava que a vida passa rápido e que deve ser vivida com intensidade."

A jovem atleta tinha um jeito peculiar de demonstrar carinho pela família. Quando percebia que a mãe estava triste, saía de casa para "resolver o problema": pegava um ônibus e ia comprar um hambúrguer, o lanche preferido de Maria do Carmo. A mãe se derretia de orgulho com o paparico e logo ficava descontraída. Com Michelle, não era diferente. Apesar dos conflitos de ideias, Thaiz via na irmã uma fonte de inspiração para exercer sua veia poética. Pouco antes de sua morte, Thaiz escreveu um poema para Michelle.

"À minha irmã"

Depois que a dor e a desventura caíram sobre meu peito angustiado
sempre te vi solícita a meu lado
cheia de amor, cheia de ternura
que em teu coração ainda perdura
e inere doces lembranças
conservando aquele afeto simples e sagrado da nossa infância
Oh, meiga criatura
Hoje a minha alma te abençoa
tu foste a voz compadecida e boa
que no meu alento me susteve
e hoje na miséria minha
eu rogo a Deus que te faça feliz
minha irmãzinha
beijos, Tata"

O amor ao próximo e o senso de fraternidade eram virtudes tão latentes na personalidade de Thaiz que extrapolavam o âmbito familiar. Na rua, ela expressava um grande carinho no relacionamento com os idosos.

Frequentemente, a atleta voltava do clube distribuindo flores aos velhos que cruzavam seu caminho. Um gesto nobre que só foi descoberto por Maria do Carmo durante a missa de sétimo dia da filha. A igreja estava lotada de idosos que a família não conhecia. Na hora das condolências, eles espontaneamente elogiaram a simpatia e a delicadeza da atleta e parabenizaram Maria do Carmo pela educação primorosa dada à filha. Orgulhosa, ela percebeu ali a vocação de Thaiz para contribuir com o bem-estar do próximo.

> "Minha filha me ensinou a viver. Mais tarde percebi que a violência contra ela alterou o rumo de minha história e jamais voltei a ser a mesma."

O crime foi na Rua Bambuí, no Grajaú, Zona Norte do Rio. Thaiz foi atingida por uma bala perdida disparada durante um tiroteio entre quadrilhas do Morro da Divineia. Ela estava voltando de carro para casa, ao lado do namorado, João Cláudio, quando começou uma guerra pelo comércio de drogas na favela. Pânico geral.

As pessoas tentavam fugir, mas alguns carros ficaram bloqueados no sinal de trânsito por um ônibus, cujo motorista abandonou o volante e se deitou no chão para escapar das balas. Com isso, o carro de Thaiz foi impedido de sair do local. Ao volante, João Cláudio gritava para que Thaiz se abaixasse. Com 1,83m de altura, ela teria de se encolher para não ficar em posição vulnerável. No banco traseiro, uma amiga chamada Aline também tentava se proteger.

Foi quando uma bala atravessou o vidro de trás do carro e os estilhaços feriram o rosto de Aline. Apavorado, João Cláudio tentava se desvencilhar do obstáculo para levar a colega ao hospital. Mal sabia que Thaiz havia sido atingida pelo disparo. Ele imaginava que ela estivesse apenas encolhida para escapar do tiroteio. Ou, no máximo, desmaiada. João Cláudio conseguiu tirar o carro de trás do ônibus e, a caminho do hospital, estranhou que Thaiz continuasse imóvel, inclinada para baixo. Passou a mão pelos cabelos da namorada e percebeu que ela estava ensanguentada.

Desesperado, deu-se conta da dimensão da tragédia. Thaiz fora baleada na nuca e estava agonizante. Ela foi levada às pressas para o hospital. Foi então que João Cláudio telefonou para avisar Maria do Carmo. Thaiz sobreviveu por dois dias ao ferimento. Uma resistência atribuída, em parte, à sua excelente condição de atleta. Mas nem o vigor físico seria capaz de livrá-la da morte. Arrasada, Maria do Carmo pedia forças a Nossa Senhora Aparecida para suportar a dor. E implorava pela vida da filha. Mas, ao perceber que o estado de Thaiz era irreversível, o teor da oração mudou radicalmente. Ela pediu luz e orientação para que a perda da filha não fosse em vão.

A resposta veio quase de imediato. O cirurgião responsável pelo atendimento – cujo nome Maria do Carmo já não lembra – se aproximou delicadamente e perguntou: "A senhora já pensou alguma vez em doação de órgãos?" Maria do Carmo respondeu: "Não." E ele complementou: "Agora seria uma boa hora de pensar nessa hipótese. A senhora poderia ajudar muitas pessoas. Aceitaria doar os órgãos de sua filha?" Maria do Carmo consultou o marido e ele deu carta branca à mulher: "Você gostaria? Se achar que deve, concordo com você." O consentimento, então, veio sem hesitação. Ela procurou o médico e anunciou a decisão:

"Sim."

Os órgãos doados foram as córneas, os rins e o fígado. O transplante do fígado foi o primeiro feito por uma equipe totalmente brasileira no país. Antes, havia sempre um cirurgião francês no grupo. Mas, com a coordenação do médico Joaquim Ribeiro, o transplante, dessa vez, teve apenas especialistas nacionais, na Clínica São Vicente, na Gávea.

Intuitivamente, Maria do Carmo sabia que poderia perpetuar a existência da filha, de forma simbólica, a partir da sobrevivência dos receptores. E, quase instantaneamente, traçou um objetivo: fazer o possível para conviver com eles.

> *"O bem que fizemos na véspera é o que nos traz felicidade pela manhã."*
> – Provérbio hindu

Geralmente, os parentes do doador não conhecem os pacientes que recebem os órgãos, já que os médicos tentam evitar o vínculo afetivo entre as famílias. Mas Maria do Carmo insistiu em saber a identidade das pessoas que foram salvas a partir de seu gesto de solidariedade. E via, em cada uma delas, a extensão de Thaiz.

> "Não se morre quando se vive em alguém. Cada um dos receptores só está vivo porque tem um pedaço de Thaiz. Minha filha está viva através deles."

Em 1998, Maria do Carmo conheceu Fernanda Teles, mulher que se beneficiou com um dos rins. Na ocasião, a jovem se submetera à cirurgia e ainda estava em convalescença. O rim teve de ser implantado no abdômen, para que, aos poucos, pudesse ajustar-se ao local correto. Isso gerou uma situação inusitada. O formato do órgão era visível, pois ele estava por baixo da pele, na superfície do corpo, e podia até mesmo ser tocado.

"A Fernanda perguntou se eu queria botar a mão no rim da Thaiz. E eu, claro, não perdi a chance. Foi emocionante tocá-lo, até porque a gente sempre riu muito ao ouvir a Thaiz fazer xixi durante a noite. Isso era motivo de gargalhadas lá em casa. Acarinhar a barriga de Fernanda e sentir nas mãos uma parte de Thaiz foi uma emoção indescritível, um privilégio para mim."

Dali em diante, elas não perderiam mais o contato. Pouco depois, recebeu a visita de Luís Cláudio, contemplado com o fígado (que viria a falecer sete anos mais tarde). O segundo rim não beneficiou ninguém, pois, de acordo com os médicos, teve de ser descartado após uma falha no acondicionamento. Ela só não teve coragem na época de ficar frente a frente com os receptores das córneas de Thaiz.

"Minha filha 'sorria' com os olhos. Eles eram muito expressivos e refletiam seu estado de espírito."

Dois adolescentes de 14 e 15 anos foram favorecidos com as córneas e outras duas pessoas se curaram de glaucoma ao receberem os globos oculares (partes brancas dos olhos). No entanto, Maria do Carmo não fez qualquer esforço para encontrá-los.

"Hoje me sinto emocionalmente estruturada para olhar nos olhos deles. Mas prefiro não tomar a iniciativa. Se eles vierem até mim, terei prazer em recebê-los com o maior carinho."

> *"O sorriso que dás volta para ti mesmo."*
> – Provérbio indiano

O altruísmo de Maria do Carmo rendeu um capítulo à parte em sua trajetória. Em 2001, o choro de um bebê no Hospital Pedro Ernesto, em Vila Isabel, Zona Norte do Rio, encheu de ânimo e orgulho a emocionada "avó". Ela acompanhava "com o coração na mão" o parto de Fernanda Teles, a jovem que sobreviveu à insuficiência renal graças ao rim de Thaiz. Samuel só pôde ser concebido por causa daquele "sim" proferido por Maria do Carmo, ainda no CTI, minutos após o falecimento da filha.

> *"A vida só se dá a quem se deu."*
> – Vinícius de Moraes

"Eu o considero como neto. Assim como todos os receptores dos órgãos de Thaiz são como filhos para mim."

Com humildade, Maria do Carmo dispensa os agradecimentos por seus gestos de generosidade. E não reivindica mérito por proporcionar bem-estar a quem precisa de ajuda. Ela faz questão de atribuir todos os benefícios a Thaiz.

"Minha filha é que está realizando tudo isso. Não fiz nada. Sem ela, nada disso seria possível. Ela é que está dando vida àquelas pessoas. Não eu. O gesto de doação foi resultado da fé e, principalmente, da inspiração nos anseios de Thaiz. Ela sempre fez tudo para me ver feliz. E fiquei muito feliz com minha atitude. Saudade sim; tristeza, jamais. Thaiz é constante e eterna em minha vida."

> *"Procuremos acender uma vela em vez de amaldiçoar a escuridão."*
> – Provérbio chinês

Para ser atuante na divulgação da importância da doação de órgãos, Maria do Carmo se tornou voluntária do Rio Transplante – instituição pública que faz o recolhimento dos órgãos e o gerenciamento dos transplantes em todo o estado do Rio. Maria do Carmo se tornou uma espécie de referência no assunto e, muitas vezes, recebe ligações de famílias que vivem o mesmo drama que ela viveu, e que têm interesse em fazer a doação, mas não sabem como agir.

Um caso recente foi o da estudante Gabriela Prado, morta aos 14 anos por uma bala perdida, em 2003, durante confronto entre policiais e bandidos na estação de metrô de São Francisco Xavier, na Tijuca. Os pais da menina, Cleide e Santiago, não receberam qualquer orientação do poder público e conseguiram o telefone de Maria do Carmo para pedir auxílio. Eles cogitavam doar os órgãos da filha. Mas o contato foi feito tarde demais.

> "Faço o que posso, mas os hospitais públicos são muito displicentes e não têm interesse nos transplantes, porque são cirurgias demoradas e caras. Por isso, evitam dar explicações às famílias, sempre inventam desculpas e, com isso, impedem que vidas sejam salvas."

A influência de Thaiz nas atitudes da mãe não se limitou ao voluntariado no Rio Transplante; também despertou na essência de Maria do Carmo sua mais profunda e latente veia solidária. E se transformou numa espécie de tábua de salvação e esperança para muita gente.

A inspiração em Thaiz foi tão positiva e transformadora que, em julho de 1997, três meses após a morte da jovem, Maria do

Carmo teve uma iniciativa antes impensável: criar uma instituição de auxílio às vítimas de violência. Ela vislumbrou a possibilidade de exercer alguma atividade voltada ao bem-estar coletivo. Amadureceu a ideia e concluiu que o apelo à solidariedade era irreversível. Ela só precisava definir a linha de atuação, mas a escolha parecia óbvia. Movida pelo inconformismo com as circunstâncias violentas da morte de Thaiz, ela fundou o Movipaz (Movimento pela Vida e pela Paz), em defesa dos direitos humanos e contra a impunidade. O principal objetivo: conscientizar a população sobre os males causados pelo envolvimento com as drogas.

> *"Não há senão um modo de sermos felizes.*
> *Viver para os outros."*
> – Leon Tolstoi

"Minha filha certamente foi morta por algum bandido ligado a traficantes. Alguém que não teve orientação nem tratamento."

> *"É lento ensinar por teorias,*
> *mas breve e eficaz fazê-lo pelo exemplo."*
> – Sêneca

Por meio do Movipaz, Maria do Carmo já conseguiu afastar jovens da dependência química. A associação promove palestras com a participação de policiais, pesquisadores e médicos, com o intuito de alertar para os riscos do consumo dos entorpecentes. Esse trabalho conjunto, multidisciplinar, enfoca todos os aspectos da questão – ampliando a chance de conscientização do público. Os palestrantes abordam as consequências do uso de drogas na saúde, na convivência social, no aproveitamento escolar, no desempenho profissional, na relação familiar e na autoestima do dependente. Nenhuma questão é omitida. Nenhum tópico é censurado. Se uma pessoa decide regenerar-se e pede ajuda, é encaminhada a instituições que possam oferecer tratamento médico e psicológico adequado. Cada vez que alguém se livra do vício, é uma vitória particular de Maria do Carmo na luta contra a violência.

> "Acredito que, com isso, possamos evitar o avanço da criminalidade. É preciso fazer um trabalho de base, com educação, orientação. Só assim podemos contribuir para evitar novos assassinatos, como o de Thaiz."

O Movipaz também apoia campanhas em benefício de outras vítimas da violência urbana. Em maio de 2004, por exemplo, a instituição fez manifestações e distribuiu camisetas pedindo auxílio para Camila Magalhães Lima. A jovem, que sonhava em ser modelo, havia ficado paraplégica em 1998, após ser atingida por uma bala perdida aos 15 anos na saída da escola em Vila Isabel, Zona Norte do Rio. E lutava por apoio para se submeter a cirurgias no exterior. Maria do Carmo abraçou a causa com determinação e foi uma das mais atuantes numa campanha vitoriosa, que culminou com uma bem-sucedida cirurgia em Portugal, inclusive com o uso de células-tronco.

Por falta de apoio e por evitar envolvimento com políticos, Maria do Carmo não tem uma sede do Movipaz. Ela atua na própria casa. O que não sai nada barato. É comum receber ligações de pessoas que precisam de ajuda. Quando isso acontece, ela se desdobra em mil para atender ao pedido.

"Minha conta de telefone passa de R$ 1 mil. Fora as despesas com folhetos, transportes, etc., quando se faz necessário. Mas tudo isso é um grande prazer para mim. E envolvo toda minha família. Meu marido e minha filha Michelle sempre participam de minhas ações quando preciso.

Para ajudar as pessoas, Maria do Carmo recorre sempre ao nome do Movipaz.

"Se você pede uma vaga como pessoa física, ninguém dá bola. Mas se você se apresenta como presidente de uma ONG, tudo muda de figura."

Neste país, as entidades são tratadas com mais respeito do que as pessoas.

Além de gastar do próprio bolso para atender às expectativas, Maria do Carmo também oferece boa parte de seu tempo. Se alguém precisa de uma cirurgia, por exemplo, ela tenta de tudo para conseguir a vaga. E, quando obtém êxito, não para por aí. Vai com o paciente até o hospital e espera a conclusão de todo o processo. Acompanha tudo de perto. Cobra resultados. Preocupa-se.

"Quando me proponho a ajudar alguém, não é por desencargo de consciência, mas porque me sinto feliz com isso. Vou até o fim."

Mas muitas vezes o nome de Maria do Carmo não representa um encaminhamento para uma instituição, e sim um aconchego, um aconselhamento, um bate-papo, uma mão no ombro.

No Grajaú, bairro onde mora, ela é procurada por gente que mora na rua e também por usuários de drogas. O jovem R., que mora na mesma rua, é um dos que sempre buscaram o apoio da vizinha para tentar se libertar do vício. Órfão de mãe, tido no bairro como sinônimo de problema, R. certa vez defendeu com o próprio corpo a filha de Maria do Carmo, Michelle, quando ocorreu um tiroteio nas proximidades. Michelle confessa que ficou com medo, por causa da má fama do rapaz. Mas depois percebeu outro lado de sua personalidade. Para Maria do Carmo, uma demonstração de que ele merecia uma dose de confiança, a despeito dos comentários da vizinhança.

> "Quando a mãe dele morreu, ele já era viciado. Mas sofreu um baque tão forte que veio até minha casa e pediu ajuda. Eu fiz apenas uma pergunta: 'Você QUER ajuda?' Porque querer é o primeiro passo. Ele afirmou que sim. E essa foi a deixa para que eu me mobilizasse."

Maria do Carmo entrou em contato com núcleos de atendimento aos dependentes químicos. Um deles foi o Núcleo de Estudos e Pesquisas em Atenção ao Uso de Drogas (Nepad), em São Cristóvão. Ela mesma levava R. às consultas. E ele parecia disposto a ficar curado. A maior dificuldade, porém, foi quando disseram que ele teria de se internar em Santa Cruz.

> "Ele não queria ficar sem a minha presença. E deixou de ir às sessões. Mas aquele período, ainda que curto, influenciou positivamente a trajetória do rapaz. Não tenho mais ouvido falar de tumultos provocados por ele. Minha casa está sempre aberta."

Para Maria do Carmo, o mais importante é dar uma chance de transformação às pessoas, desde que elas queiram. Outro caso emblemático – e considerado "loucura" pela família de Maria do Carmo – foi a "adoção" de um mendigo do bairro apelidado de Macarrão. Certo dia, ao perceber o abandono daquele homem nas ruas e a discriminação que ele sofria, ela tomou uma atitude intempestiva. Imediatamente convidou-o a ir para sua casa. Lá ele tomou banho, se alimentou, vestiu novas roupas (do marido de Maria do Carmo, Gilson) e recebeu atenção. Mas, do lado de fora da casa, os colegas de Macarrão, que exerciam má influência sobre ele, se empenhavam em tirá-lo do bom caminho.

"Era como uma luta. Eu tentava orientá-lo, dar novas perspectivas a ele, e os de fora pressionavam para que ele voltasse àquela vida na sarjeta. Ele vendia balas nos ônibus e o dinheiro ia quase todo para aqueles exploradores. Depois, ele recebia tratamento em minha casa. Até que um dia ele se drogou com cocaína, ficou largado no meio da rua e eu não podia arriscar chamá-lo para casa e expor minha família. As más companhias é que botaram tudo a perder."

Religiosa, Maria do Carmo sempre faz preces para que as pessoas tenham condições de superação. Todos os anos, pede apoio a um amigo empresário e distribui cinco mil medalhinhas de Nossa Senhora de Fátima, já benzidas pelo padre da igreja do bairro. Acredita que, com isso, ajuda as pessoas a se confortarem e acreditarem mais em si mesmas e na proteção divina. E, ao mesmo tempo, alimenta a si mesma dessa energia revigorante. Para Maria do Carmo, fazer o bem faz bem à saúde física, mental e espiritual. Thaiz sabia disso e costumava dizer uma frase que se tornou um lema na vida da mãe:

"Para se mudar inteiramente uma vida, bastam poucas coisas: amor no coração e sorriso nos lábios."
– THAIZ CORRÊA FERNANDES

Solange: um alô com poder de salvar vidas

"cvv, boa-noite!"

A voz é firme, mas branda. Determinada, mas serena. E nem de longe transparece a angústia vivida no passado pela autora da saudação. Uma voz que pacifica, tranquiliza, orienta e... até salva vidas. Mas nem sempre foi assim...

1953. Uma menina de 4 anos é obrigada a deixar a família para escapar do assédio sexual do próprio pai. O pintor de paredes Américo Firmino dos Santos dizia, enfaticamente, que filho só podia ser do sexo masculino. Ele não reconhecia as meninas como filhas e, portanto, se achava no direito de fazer qualquer coisa com elas. Inclusive sexo.

Dos 16 irmãos, oito eram meninas. A mãe, Cecília Freitas dos Santos, vivia angustiada e impotente diante das ameaças do marido. E decidiu doar Solange, a mais velha, e Magali, três anos mais nova, a um casal de amigos, para evitar que fossem molestadas.

Para Solange, a mudança de família afastou o risco de abuso sexual, mas não significou o fim da rejeição. Se estava livre da figura temível do pai, por outro lado tornou-se desprezada pelos novos e incomodados "irmãos", que faziam questão de lembrá-la de sua condição de adotada.

"Apesar de não ser tratada com respeito e dignidade, nunca senti complexo de inferioridade. Pelo contrário, sempre mantive minha autoestima intacta, pois tinha consciência do meu valor como ser humano."

> *"A autoestima adequada funciona como o 'sistema imunológico da mente', como se fosse uma vacina, pois aumenta nossa resistência. É a fé em si mesmo."*
> – GUSTAVO BOOG, TERAPEUTA

O caixeiro-viajante Faustino Alves e a dona de casa Maria da Glória Armond aceitaram adotar Solange por consideração a Cecília e por perceberem a importância da ajuda naquele momento. Eles sempre se esforçaram para adaptar a menina à nova rotina, para que ela se sentisse membro da família. Mas os filhos legítimos do casal – Maria Faustina, de 20 anos; Maria de Lourdes, 19; e Mário Fausto, 18 – passaram a nutrir um ciúme doentio de Solange, embora fossem bem mais velhos que ela.

"Passei a ser vista como concorrente. O relacionamento com meus irmãos estava fadado a ser para sempre frio."

Apesar da pouca idade, Solange tinha noção de que a mudança seria definitiva. Ela sentia saudades da família e tentava compreender o motivo da separação.

"Eu ficava triste e tinha frequentes crises de choro. Mas nunca me senti uma coitada."

Para amenizar seus conflitos, Solange recorria à leitura de livros. E teve a oportunidade de conhecer a psicografia *Maricota serelepe*, de Chico Xavier, que exerceria influência fundamental em seu comportamento. O livro contava a história de uma criança que era castigada quando fazia algo errado. Impressionada, Solange decidiu aprender as lições para não incorrer nos mesmos erros. Inspirada na obra literária, ela acreditava que agia da maneira mais correta possível. E incorporou esse esforço como algo definitivo em sua vida.

Mas, na busca da felicidade, ela nem sempre conseguiu acertar. Aos 18 anos, engravidou de um homem que não assumiu a filha. E foi abandonada por ele. Assim, viveu pela terceira vez o drama da rejeição. Um fantasma que a acompanharia por muito tempo em sucessivos momentos de solidão.

A alegria com o nascimento de Eloá parecia ter dado um novo rumo à trajetória de Solange: o da aceitação plena, com amor e cumplicidade. Com a filha, ela poderia estabelecer, com o passar do tempo, uma relação sólida de confiança e companheirismo. E viveria um sentimento inédito: o de possuir, definitivamente, algo na vida. Os irmãos adotivos eram distantes. Os pais e irmãos biológicos nem sequer lembravam de sua existência. O namorado partira. Mas havia um consolo: Eloá era uma realidade, uma conquista eterna, que nada nem ninguém poderia afastar.

Mas a chegada do bebê gerou mais um atrito na já conturbada relação de Solange com os irmãos postiços. Eloá não foi bem aceita. E em protesto, Maria Faustina, a irmã mais velha, chegou a sair de casa. Ainda assim, Solange estava exultante com a presença da filha. E o desprezo dos parentes não abalou seu ânimo. Solange aproveitava cada minuto com a menina – agia como se tivesse medo de perder aquela que considerava sua maior conquista na vida.

A convivência tranquila com Eloá durou 12 anos. Em 1980, no começo da adolescência, a jovem passou a ter um comportamento estranho, com visões e manias de perseguição. Estava sempre com medo e imaginava que todos tramavam contra ela. A princípio, Solange julgava que a filha tinha atitudes típicas de adolescentes. Mas o problema era progressivo. E, um dia, aos 14 anos, Eloá desapareceu. Saiu para a escola e não voltou.

Desesperada, Solange ligou para amigos e parentes. E descobriu o paradeiro da filha. Eloá estava na casa de uma colega. Indagada sobre o motivo do sumiço, ela disse simplesmente que estava enjoada de casa e preferia passar uns dias com a amiga. E que não imaginou que a mãe ficaria preocupada. Solange reagiu com indignação e, ao mesmo tempo, preocupação. Afinal, a atitude da filha não tinha sido normal. A partir de então, Solange não teria mais sossego. Eloá demonstrava incapacidade de avaliar situações corriqueiras, de agir com racionalidade.

Apesar dos cuidados da mãe, ela fugia frequentemente de casa, à noite, sempre sem dar explicação. Solange ainda não tinha ideia do tipo de enfermidade que acometia sua filha. Mas um episódio desconcertante viria a despertá-la para a gravidade do desequilíbrio mental. No dia do aniversário de Eloá, em 5 de janeiro de 1990, às quatro da madrugada, Solange dormia quando ouviu a campainha. Ao abrir a porta, se deparou com Eloá, descalça, usando maiô de praia. Chegava da casa da avó, onde passara uma temporada. Perplexa, Solange perguntou à filha o que ela fazia naquele traje, àquela hora da madrugada. Eloá reagiu com naturalidade, dizendo, simplesmente, que não tinha noção do horário e muito menos da roupa. Para Solange, foi um choque de realidade. Naquele instante, ela viu seu mundo ruir: a filha tinha, de fato, um grave problema.

Depois de tantos anos de sofrimento, enfrentando rejeições, Solange criara a expectativa de, finalmente, viver feliz ao lado de alguém, numa relação mútua de amor e compreensão. Mas, por ironia do destino, a doença da jovem pressupunha um comportamento marcado por indiferença e ausência. Para Solange, era a volta de um sentimento há muito esquecido: a solidão. Ela foi tomada por uma torrente de pensamentos e lembranças. Sensação: total abandono. Desejo: desaparecer do mundo.

Mas não era hora de fraquejar. A mulher sofrida, que a vida tornara forte e destemida, não fugiria do desafio de oferecer à filha, com ternura e dedicação, aquilo que por tanto tempo lhe faltou: presença. Presença afetiva.

> *"O coração da gente é como uma casa. Nunca pode ficar vazio."*
> – MENOTTI DEL PICCHIA

Em vez de se render a mais uma adversidade, Solange respirou fundo, levantou a cabeça e decidiu enfrentar a situação. Primeiro, procurou um médico, com extrema urgência, para saber o que realmente se passava. Somente com um diagnóstico preciso ela poderia traçar uma estratégia. Naquele mesmo dia – aniversário de Eloá, sempre marcado por festa e alegria – Solange viveria um abalo emocional inesquecível. Resultado do exame: esquizofrenia aguda, doença que provoca alucinações, ruídos inexistentes, vozes de pessoas que não estão presentes e mania de perseguição, entre outras coisas.

As emoções dolorosas daquele dia foram permeadas pelas lembranças dos aniversários festejados nos anos anteriores, ao lado dos amigos. Esta, certamente, era a pior data para receber uma notícia tão dura. Eloá fazia 22 anos. Mas, diante da gravidade do estado clínico da jovem, a descoberta do problema, embora penosa, representava uma tomada de consciência para se estabelecer um tratamento.

– O melhor presente, hoje, para Eloá, é a internação. É a única chance que ela tem de recuperar a saúde – disse o psiquiatra.

E assim foi feito.

Janeiro e fevereiro pareciam intermináveis. Dia após dia, Solange vivia a angústia da separação da filha. E, pior, a agonia da falta de informação por parte do hospital. De nada adiantava telefonar. Notícias, só pessoalmente, e nos dias de visita: às quartas e aos sábados. Intervalo longo demais. Nos poucos momentos em que pôde ver a filha durante a internação, Solange enfrentou a hostilidade de Eloá, que insistia em voltar para casa. Ela acusava a mãe de mantê-la no hospital contra a vontade. Às vezes, ficava tão indignada que se recusava a receber visitas.

"Eu via Eloá de longe, numa penumbra, e mal conseguia identificar o real estado físico em que ela se encontrava. Isso me deixava arrasada."

Nos poucos contatos verbais com Eloá, Solange soube que a filha não recebia um bom tratamento. Mas não imaginava o quanto. No dia 5 de março, data prevista para a alta de Eloá, Solange acordou num estado de espírito elevado, pisando nas nuvens. A saudade não cabia dentro do peito. A expectativa pelo reencontro era imensa. Ela não via a hora de acolher a filha nos braços. Solange chegou sorridente ao hospital. Mas o sorriso logo se desvaneceu. E deu lugar à perplexidade. Solange ficou paralisada diante da imagem da filha, dopada, suja, cheia de piolhos.

"Parecia farinha nos cabelos."

Ela não sabe quanto tempo durou aquele estado de atordoamento. Mas foi o suficiente para, mais uma vez, dar a volta por cima e tomar a decisão de tirar a filha, o mais rápido possível, daquele lugar, restaurar sua aparência e devolver a ela o sentimento de dignidade e autoestima. A partir daí, a rotina de Solange passou a girar em torno de Eloá. A atenção era quase em tempo integral. E uma das tarefas mais difíceis era manter o bom relacionamento social da filha.

Um dos sintomas da doença eram os surtos de insanidade que levavam a jovem a dizer coisas sem sentido, e muitas vezes com agressividade, a qualquer um que estivesse diante dela. Nem todos sabiam da esquizofrenia. Por isso, julgavam-na temperamental. Solange tinha consciência da importância das amizades para a manutenção do autocontrole e do amor-próprio. E temia que Eloá ficasse isolada do mundo.

Depois dos surtos, Eloá tinha vergonha de conviver com as pessoas que haviam presenciado seu desequilíbrio. Para aprender a lidar com a doença da filha e ganhar embasamento para orientá-la de forma adequada, Solange ingressou em programas de terapia individual e em grupo. Dessa forma, teria condições de se sentir estruturada para indicar à filha o melhor caminho.

"Na diversidade, conhecemos os recursos de que dispomos."

À medida que se inteirava sobre o tratamento da esquizofrenia, ela descobria um mundo misterioso: o universo dos doentes mentais, composto por um número muito maior de pessoas do que supunha. E o que mais a espantou foi o despreparo das famílias em lidar com os pacientes.

Um caso típico de ignorância e intolerância aconteceu com uma amiga de Solange, que tinha um filho com problema semelhante ao de Eloá. Com medo da agressividade do rapaz nos momentos de crise, ela o mantinha confinado no quarto, com a porta trancada. Quando saía, alimentava o filho e o deixava fora de casa. O porteiro era orientado a barrar a entrada do rapaz enquanto ela não voltasse. Com paciência, Solange conseguiu modificar o comportamento da amiga, que, embora amasse o filho, nunca havia conseguido externar o sentimento. A partir da orientação, mãe e filho puderam se relacionar com mais afeto e compreensão.

> *"Só quem já se modificou pode modificar os outros."*
> – Sören Kierkegaard

Solange abraçava cada vez mais a causa dos doentes mentais. Ainda em 1993, no Hospital de Jurujuba, em Niterói, onde a filha passou um período internada, Solange foi chamada para integrar uma entidade de auxílio que estava sendo formada. A associação tinha o sugestivo nome de "Cabeça Firme". Solange estava tão motivada com o projeto que entrou na reunião como simples espectadora e saiu de lá na condição de presidente da instituição. E foi numa dessas reuniões que ela soube de mais uma fatalidade em sua vida. Ela vivia a expectativa do resultado de exames laboratoriais feitos por Eloá – solicitados pelo médico durante um check up de rotina.

"Meu Deus, não me faltava mais nada."

Foram cinco longos minutos – talvez os mais dramáticos de sua trajetória. A sensação era de que o ar lhe faltava.
– Solange, o resultado do exame de sangue deu positivo. Eloá tem o vírus da Aids.
Aids, aids, aids.

A palavra maldita latejava em seu pensamento. Por alguns momentos, houve um branco total. Plena ausência de sentimentos, vontades e desejos. Impotência. O choque da notícia foi como um flash que ofuscou sua razão. Solange se comportou como uma autista, alheia à realidade. Mas, num esforço de consciência, conseguiu retomar o equilíbrio. E se deparou com a necessidade de cumprir uma tarefa que exigiria um empenho sobre-humano.

"Meu Deus. Não sei o que é mais difícil. Receber essa notícia ou ter que transmiti-la a Eloá."

"Jamais se desespere em meio às mais sombrias aflições. Depois das nuvens mais negras, cai água límpida e perfumada."
– Provérbio chinês

Solange receava que Eloá surtasse ao receber a má notícia. E decidiu esperar uma oportunidade... Numa noite, quando a filha se preparava para ir a uma festa com amigos, Solange percebeu que ela estava bem arrumada, com bom astral e autoestima elevada. Em tese, não seria conveniente estragar a noite da filha. Mas, por outro lado, era necessário avisá-la sobre o vírus num momento de bem-estar emocional. Solange tomou uma importante medida de precaução: pegou todos os medicamentos prescritos para as crises de esquizofrenia. E, antes de mais nada, pediu que a filha tomasse os comprimidos. Eloá se espantou e se recusou a antecipar o consumo de remédios. Mas Solange insistiu.

"Filha, você vai precisar deste medicamento porque tenho uma notícia ruim para te dar."

Eloá se sentou e Solange, de coração apertado, foi direto ao assunto.

"Filha, seu exame de sangue deu positivo. Você tem o vírus da Aids."

Um silêncio pesado tomou conta do ambiente. E só foi quebrado pelo choro de Eloá. Ela caiu em profunda depressão e subitamente meteu a mão nos remédios e engoliu todos de uma só vez. Sabia que, naquela época, a Aids era morte certa, a curto prazo, já que ainda não havia tratamento para controle da síndrome. Foram momentos de reflexão, em que a relação entre mãe e filha, que prima pela proteção, se tornou o esteio mais forte para preencher tamanho vazio. Depois do desabafo, Eloá reagiu de forma surpreendente: decidiu enfrentar a doença de cabeça erguida. A jovem passaria três anos com o vírus sem que a Aids se manifestasse. Nunca nutriu o sentimento de autopiedade. Pelo contrário, procurou levar a vida da maneira mais normal possível, e sem descuidar da vaidade. Estava sempre bem arrumada e alternava as cores dos cabelos.

– Ela parecia uma camaleoa – orgulha-se a mãe.

Eloá não abriu mão de cumprir naturalmente as tarefas do dia a dia. Fez questão de continuar os estudos, mesmo sem expectativa de futuro. E ignorou os efeitos psicológicos da Aids, sempre buscando novos desafios.

"Eloá chegou a cursar enfermagem. Acho que ela queria conhecer melhor a doença e em nenhum momento se iludiu. Chegava em casa abalada, convencida do poder de destruição do vírus. Ela dizia: 'Mamãe, esta doença é mesmo uma desgraça'".

Para evitar o que ela considerava uma das consequências mais terríveis da doença – a discriminação –, Eloá omitia das pessoas o fato de ser soropositiva. Até mesmo os namorados ignoravam sua condição e não entendiam por que ela insistia tanto no uso da camisinha.

– Eloá nunca expôs ninguém ao risco de contágio – garante a mãe.

Uma das maiores preocupações de Eloá era não se isolar do convívio social. Mas, ao mesmo tempo, ela não queria se expor. Por isso, encontrou uma saída inusitada. Passou a frequentar um reduto de pessoas que conheciam muito bem seu drama social: os homossexuais. Ali, a jovem se sentia em casa, e podia ser transparente, sem máscaras. Nos últimos três anos de vida, ela teve o conforto e a alegria de contar com a presença permanente da mãe, que fazia qualquer sacrifício pelo bem-estar da filha. Era como uma sombra protetora a acompanhar cada passo de Eloá em todos os lugares. Todos mesmo...

Solange passou a frequentar até as reuniões dos novos amigos da jovem: gays e lésbicas que se divertiam num clube. Para sua grande surpresa, ela encontrou pessoas que, aparentemente, jamais fariam parte daquela comunidade "alegre e despojada". Por questão de educação, ela cumprimentava, discretamente, os conhecidos. Em alguns casos, o constrangimento era inevitável.

– Oi, você por aqui? – saudava.

Solange se apressava em esclarecer que acompanhava a filha, que tinha amigos no clube. Mas sempre com o cuidado de não agir com preconceito. A experiência de convívio com os homossexuais lhe permitiu desmistificar um conceito generalizado de que o ambiente gay era pernicioso à moral e aos bons costumes.

"Me senti tão bem e fiquei tão confortável que aquele grupo praticamente me 'adotou' e passou a me chamar de 'tiazona'. Foi o máximo."

Os momentos de descontração eram nada mais que um paliativo, já que tinham como pano de fundo o drama da expectativa da morte a curto prazo. Foram três anos de sofrimento diário. A ideia do fim inevitável martelava o pensamento, dia e noite. Solange dormia e acordava sob a ameaça da perda da filha. Despertava no meio da noite para averiguar se a filha ainda vivia. E posicionou a cama de forma que pudesse ver Eloá dormindo no quarto em frente. Uma tortura que, no começo, era agravada por uma dúvida. "De que forma Eloá havia adquirido o vírus?" A princípio, o contágio teria ocorrido durante uma transfusão de sangue. Mas a certeza da contaminação viria em novembro de 1993, através de um telefonema.

– Eloá, só estou te ligando para dizer que fui eu que te passei o vírus.

O interlocutor era Antônio Carlos Júnior, de 19 anos, ex-namorado de Eloá, portador do vírus da Aids, doente em fase terminal. A ligação foi feita do leito do hospital, poucos dias antes de sua morte. Para surpresa de Solange, Eloá não surtou com a notícia. Mas ficou tão furiosa que queria ir ao hospital para surrar o moribundo. Sua fúria nem de longe refletia uma mulher deprimida e despedaçada. Pelo contrário. Os trancos só fortaleciam sua capacidade de sobreviver a eles com dignidade e brilho. Herança da mãe.

> *"A diversidade desperta em nós capacidades que em circunstâncias favoráveis teriam ficado adormecidas."*
> – HORÁCIO

"Sempre ensinei à minha filha a importância de manter a autoestima, independentemente do que viesse a acontecer."

Grande parte dessa confiança pode ser atribuída à estrutura espiritual cultivada desde a infância e solidificada ao longo dos anos.

"O que sempre me segurou foi a minha fé. Tenho certeza de que as pessoas se reencontram depois da morte. Isso me dá alento."

Nas orações, o principal pedido era para que a filha não ficasse debilitada com a doença e que tivesse uma morte tranquila, sem sofrimento. A graça lhe foi concedida. A partir do dia em que a Aids finalmente se manifestou, Eloá viveu apenas seis dias, sem que houvesse tempo de definhar. A baixa imunidade provocou uma fulminante toxoplasmose cerebral. E ela faleceu sem que a aparência revelasse a origem do óbito.

"Agradeço muito a Deus, até hoje, por esta dádiva."

Depois da morte da filha, Solange pôde abraçar com mais afinco a causa dos doentes mentais. A Associação Cabeça Firme chegou a integrar o Conselho Municipal de Saúde de Niterói. Resultado da credibilidade conquistada pela instituição sob o comando de Solange dos Santos. E ela não se contentou em atender os pacientes somente na entidade. Decidiu, por conta própria, visitar os doentes em casa. E constatou que muitos não frequentavam a associação porque estavam desesperados e não conseguiam ânimo para sair. A presença de Solange passou a representar luz, conforto e esperança.

> *"Procurando o bem de nossos semelhantes, encontramos o nosso."*
> – Platão

A dedicação era tão grande e exigia tanto envolvimento emocional que, mais tarde, Solange sentiu necessidade de interromper o trabalho. Abalada pela perda da filha, ela ainda não havia se recuperado da própria dor. Além disso, sofria de apneia do sono, parada respiratória que ocorre durante a noite – legado da época de convivência sofrida com a filha doente. (Até hoje, usa o Cpap, equipamento em forma de máscara de oxigênio que garante a normalidade da respiração, e já se acostumou com o incômodo.)

Solange cuidava do sofrimento alheio e todos os dias deparava com problemas semelhantes aos de Eloá, o que lhe causava lembranças dolorosas. Sentia-se fragilizada diante dos dramas dos pacientes e das famílias, mas não podia expressar emoção. Por isso, sofria silenciosamente, sem chance de desabafar. Acabou não suportando a pressão psicológica e emotiva. E deixou a associação nas mãos de voluntários.

Mas sua vocação humanitária continuou latente. Não demorou muito para que ela sentisse necessidade de retomar um trabalho beneficente. E a oportunidade não tardou. Uma cunhada a avisou da abertura de inscrições para o Centro de Valorização da Vida (cvv), uma instituição de auxílio por telefone. Acertou em cheio. Esse tipo de voluntariado exigiria quatro horas de expediente mensal. E o mais importante: sem envolvimento emocional com o interlocutor. Em março de 2000, ela ingressou na entidade. E, a partir de então, pôde realizar grandes feitos.

"Tive o privilégio de salvar vidas."

> *"As pessoas são solitárias porque constroem paredes em vez de pontes."*
> – Joseph Newton

Solange aprendeu a lidar com a sensibilidade humana, medindo cada palavra a serviço do bem-estar alheio. Desenvolveu uma técnica para ouvir com atenção, sem transparecer emoção, e dando o conforto necessário para que a pessoa ganhasse novo fôlego. Dentre muitas histórias, uma lhe chamou a atenção. Numa ocasião, um homem ligou dizendo que estava com uma arma no ouvido e que se mataria. Solange manteve a calma, refletiu rapidamente e fez valer uma das principais regras do CVV: jamais pedir que a pessoa não cumpra as ameaças.

> "Eu usei as mesmas palavras para perguntar se havia escutado direito o que ele dissera: 'Você está me dizendo que está com uma arma na cabeça e que vai atirar no próprio ouvido?' Ao me ouvir, ele deixou a arma cair. Ainda não havia atinado para o ato insano que estava prestes a cometer. Assustou-se com minhas palavras e se arrependeu da atitude."

Solange recebia, em média, 32 ligações por mês. Cada atendimento durava cerca de uma hora e meia. A paciência é característica primordial para um bom voluntário. No CVV, é preciso criar uma autodefesa para escutar todos os desabafos sem absorver o drama. Afinal, é necessário manter o equilíbrio para ser útil em uma próxima ligação. A maioria dos casos tem solução imediata, já que muitas pessoas precisam apenas ser ouvidas para se sentirem confortadas.

> *"A solidão é muito bela quando se tem alguém a quem o dizer."*
> – Gustavo Adolfo Becquer

O serviço é aberto a todas as classes sociais e todos os níveis de formação cultural. Um trabalho de pura interação humana, reconhecido por meio de diversas ligações de agradecimento. Algumas em momentos surpreendentes, como é o caso das noites de réveillon. Noventa por cento dos telefonemas na noite de 31 de dezembro são para demonstrar gratidão pela conquista de um novo ano.

"Tem gente que liga à meia-noite para festejar com os voluntários. E isso sempre me motivava a prosseguir. Afinal, todo túnel tem uma saída, mas ela está sempre dentro de nós mesmos."

> *"O prazer dos grandes homens consiste em fazer os outros felizes."*
> – Pascal

Os voluntários do CVV nunca devem dar testemunho de sua vida pessoal. Eles partem do princípio de que a solução só pode ser descoberta pela própria pessoa. Por isso, Solange se identificou com diversos casos semelhantes ao dela – de doença mental e Aids na família –, mas resistiu à tentação de falar de si mesma e conseguiu manter-se firme e neutra, para não criar cumplicidade com o interlocutor.

Depois de quatro anos no CVV, Solange percebeu que esse tipo de serviço impõe ao voluntário um desgaste emocional que, com o tempo, pode comprometer a qualidade do atendimento. É preciso que cada atendente saiba detectar o momento certo de parar e partir para novos desafios. Em 2004, ela sentiu que a carga psicológica do contato com as pessoas desesperadas já provocava abalo em sua estrutura emocional. E decidiu afastar-se temporariamente.

A mulher que sempre desafiava o destino precisava fazer uma reciclagem – parar tudo, rever conceitos, repensar metas e recuperar o equilíbrio. Mas o desejo de servir às pessoas que enfrentam dramas existenciais foi mais forte e, dois anos depois, ela já se sentia predisposta a retornar a alguma atividade filantrópica.

Nada acontece por acaso. Por isso, justamente naquele momento surgiu um convite para um cargo público que permitiria que ela ajudasse na solução de problemas relacionados a mulheres vítimas de violência. Seria uma nova experiência, voltada especificamente para um drama que já se tornou crônico em nossa sociedade: a violência contra mulheres. A função exigiria capacidade de persuasão (para convencer as mulheres a denunciar os agressores), boa dose de coragem (para enfrentar eventuais represálias) e, acima de tudo, habilidade para transmitir às vítimas a confiança necessária para encarar, de cabeça erguida, qualquer ato de discriminação.

"Foi um grande desafio. E em nenhum momento eu hesitei em abraçar mais essa causa..."

Solange tinha noção de que precisava conhecer os direitos e deveres das mulheres para dar conta da função com credibilidade. Pesquisou a legislação, inteirou-se dos casos ocorridos e, a partir das informações, pôde criar um juízo crítico da postura social da mulher. Ela se tornou assessora da presidência da Codim (Coordenação dos Direitos das Mulheres), vinculada à prefeitura de Niterói. Em 2007, até meados do ano, 180 mulheres por mês (em média) procuraram assistência por causa das agressões. No ano anterior a média havia sido menor, com um total de oitocentos casos (66 por mês). Solange destaca que o aumento se deve à divulgação do trabalho realizado e à confiança conquistada pelas assistentes sociais.

"As mulheres passam por mim, converso com elas e dou orientações preliminares, mas, em seguida, eu as encaminho para as assistentes, que são especializadas em fornecer o apoio necessário."

Para desenvolver o trabalho na Codim, Solange conta com o apoio – que ela considera "imprescindível" – da imprensa.

"A mídia incentiva as mulheres a registrarem queixas contra os agressores. As campanhas que realizamos têm dado resultado, em grande parte, em consequência da divulgação de nossa causa pelos jornalistas."

Solange destaca que o número de vítimas é muito maior do que o registrado nas delegacias e nas instituições de apoio.

"A maioria, infelizmente, ainda teme buscar auxílio. Muitas mulheres, desempregadas, dependem dos homens para a própria subsistência. Outras se submetem à humilhação em nome da estrutura da família, por causa dos filhos. Não percebem que as crianças, na verdade, estão sendo criadas num ambiente nocivo e, em alguns casos, de terror."

Aids, desequilíbrio mental, desespero, perda de identidade, falta de autoestima, tentativas de suicídio... e, agora, humilhação e violência física e psicológica contra mulheres. A dor sempre foi um espectro na vida de Solange. Uma presença frequente –

sofrida por ela mesma e imposta pelo destino (como nos casos da rejeição pela família ou do sofrimento da filha) ou aceita de forma solidária no amparo à dor alheia. Uma relação que, embora traumática, sempre teve um lado construtivo. Solange afirma que se tornou uma pessoa madura, centrada, habilitada a conhecer um pouco mais da essência humana.

"Uma das coisas mais valiosas que aprendi é que ninguém é capaz de conhecer precisamente a dor alheia. Nunca podemos dizer: 'Sei o que você está sentindo.' Podemos imaginar, mas nunca afirmar o que o outro sente de fato. A dor é pessoal."

Valéria: uma nova chance a cada despertar

Outubro de 1989. Valéria Lewis, 24 anos, põe o fone no gancho. Olhar perdido. Passos vacilantes. Ela caminha até a janela do apartamento, no oitavo andar do prédio no Grajaú, Zona Norte do Rio de Janeiro. Sensação de vazio. O chão desaparece sob seus pés. O primeiro impulso é buscar o outro chão, da área de lazer, 20m abaixo. Mas a ideia do suicídio é vencida por um lampejo de lucidez. A quadra estava ocupada por crianças que jogavam bola. Aquele não era o momento adequado para dar fim ao sofrimento que estava apenas começando.

Em um laboratório, em Copacabana, o telefone toca. Doutor Siqueira atende. Era Valéria, ansiosa pelo resultado do teste de HIV.

– Valéria, venha até meu consultório. Precisamos conversar.

Não era preciso dizer mais nada. O médico nunca havia deixado de fornecer diagnósticos pelo telefone. A omissão foi a senha. E aquele tipo de silêncio era "ensurdecedor": ela tinha o vírus da Aids.

Valéria Lewis, promotora de vendas, nascida em 6 de setembro de 1965, no Rio de Janeiro, trabalhava numa agência de turismo. Ela temia aquela notícia desde a morte do noivo, em 1987, vítima de leucemia em decorrência da Aids. Valéria já havia planejado o suicídio caso o resultado do exame fosse positivo. Mas o desejo de viver suplantou a dor.

> *"A tristeza pode sempre sobrevoar sua cabeça.*
> *Mas nunca a deixe fazer o ninho."*
> – ANÔNIMO

Já nas primeiras horas de tensão, ela adiou a morte duas vezes. Primeiro, desistiu de pular da janela para não atingir as crianças na quadra. Eram quatro da tarde. Ela resolveu se matar de madrugada.

Mas, ao anoitecer, ficou comovida ao ver a imagem do cantor Cazuza na televisão, já bastante debilitado pela doença. Valéria se olhou no espelho. Tinha boa aparência.

"Decidi que me mataria quando ficasse esquelética."

2006: 19 anos de sobrevida. E Valéria ainda se orgulha de ter dado origem a outra vida – a de seu filho, Miguel Arcanjo. O bebê nasceu em 8 de abril de 2005, a partir de uma relação amorosa estável, que só foi possível graças à persistência de Valéria na afirmação de seu próprio valor – o que permitiu que ela, apesar do vírus, mantivesse o brilho do romantismo. Outro fator de equilíbrio, que abriu portas para relacionamentos sociais – e até amorosos – foi a descoberta de uma vocação antes insuspeita: solidariedade. Uma experiência que ampliou sua autoestima, conduzindo à segurança na hora de consolidar relações pessoais.

Dezembro de 1989. Bastaram dois meses, desde que se viu portadora do vírus da Aids, para que Valéria abandonasse definitivamente a ideia de suicídio e percebesse a necessidade de partilhar as preocupações sobre a doença com pessoas que viviam o mesmo drama. O primeiro passo foi uma visita ao Grupo Pela Vidda, organização não governamental de auxílio às vítimas da doença.

Valéria se encantou com a força e a determinação do sociólogo Herbert Daniel, membro da equipe. Ele foi um dos primeiros a combater a discriminação sofrida pelos portadores do HIV – chamados, pejorativamente, de aidéticos. Num programa de televisão, chocou a opinião pública com um gesto atrevido, de grande repercussão:

– Você quer ver a cara da Aids? Olha aqui, ó – disse Herbert para a câmera, batendo no rosto.

> "Herbert tinha humor, falava da doença sem preconceito, sem pena, como algo que atingia pessoas normais, ativas, preparadas para o mundo", lembra Valéria, com admiração.

A influência de Herbert Daniel foi decisiva para mudar o rumo na vida de Valéria. No grupo, ela percebeu que, em vez de ser amparada, poderia contribuir – e muito – para o bem-estar de outras pessoas, que se sentiam mais fragilizadas. Valéria se surpreendeu com a própria capacidade – até então desconhecida – de enfrentar uma doença incurável com altivez.

> "Se a chama dentro de ti se apagar, as almas que estão
> a teu lado morrerão de frio."
> – Mauriac

A mulher fraca (suicida em potencial) se convertera, em sessenta dias, numa lutadora obstinada e audaz, que também ousou mostrar a "cara da Aids" na televisão. E em horário nobre. Valéria participou de um documentário e dispensou os efeitos especiais usados, na maioria dos casos, para encobrir o rosto dos portadores do vírus. Ela se expôs. E revelou ao mundo que, mesmo quem não fazia parte do grupo de risco (até então, equivocadamente limitado aos homossexuais), poderia ser contaminado. Um choque para os espectadores. Mas, ao mesmo tempo, ela também demonstrou que, mesmo diante de dramas graves, é possível acreditar na superação de limites.

O ato de coragem diante de milhões de telespectadores, numa época em que a Aids era estigmatizada pela falta de conhecimento do assunto, não poderia ser medido. O alcance desse tipo de atitude afirmativa é inestimável, mas, certamente, influenciou de maneira positiva o comportamento de muitos pacientes e suas famílias. E abriu caminho para um trabalho social que alterou de forma construtiva a rotina da promotora de vendas. O primeiro passo: Valéria se desligou do emprego. Em seguida, partiu para o novo desafio.

Valéria passou a atender portadores do vírus HIV, oferecendo aconselhamento e incentivo para que eles soubessem enfrentar as consequências físicas, psicológicas e, principalmente, um dos piores efeitos da doença: a repulsa da sociedade.

"Dar o exemplo não é a melhor maneira de influenciar os outros. É a única."
– ALBERT SCHWEITZER

Ela passou a organizar palestras, promover debates e participar de reuniões sobre Aids. Nas conferências, que chegavam a reunir oitocentas pessoas na plateia, Valéria não costumava revelar que era soropositivo. Queria captar a reação verdadeira da plateia e garantir a autenticidade nas perguntas do público. Acreditava que, se as pessoas soubessem que ela tinha o vírus, deixariam de levantar questões fundamentais na abordagem do tema. Mas, ao fim das palestras, surpreendia o público ao informar que tinha a doença. Geralmente, a reação era de espanto.

> "As pessoas ficavam chocadas. Aproximavam-se para me olhar de perto. Tentavam me consolar, desejando força para a luta. Elogiavam-me pela coragem de me expor em público. E faziam novas perguntas. Eu procurava deixar todos à vontade para os questionamentos. Não tinha qualquer constrangimento de estar ali. E não sentia repulsa por parte de ninguém."

Valéria ressalta que, na maioria dos casos, o preconceito é velado. Mas ela já passou por situações em que a discriminação foi explícita. Um dos momentos mais humilhantes foi em março de 1990. Ela já namorava um rapaz há seis meses quando, ao chegar à casa dele, percebeu que a família havia passado água sanitária em todos os cômodos para recebê-la. O jovem sabia que Valéria tinha o vírus e, ainda assim, mantinha um relacionamento íntimo com a namorada, usando preservativo. Mas os parentes descobriram que ela tinha Aids. E pressionaram o rapaz a terminar o romance.

> "Ele logo cedeu aos apelos da família. Eu não tinha qualquer chance de prosseguir na relação."

Valéria lembra que foi preciso ter muito amor-próprio para não se deixar abater pelos olhares e gestos de repulsa. Para ela, é fundamental aprender a extrair dos contratempos lições que desenvolvam a autoconfiança.

> *"Cada lágrima nos ensina uma verdade."*
> – Ugo Foscolo

Valéria soube peneirar a dor. E juntou nas mãos um punhado de energia para encarar todos os obstáculos. Ela decidiu que passaria a abrir o jogo sobre a doença para qualquer pretendente, logo no primeiro contato. Esperava, dessa forma, atrair apenas os homens que tivessem coragem de assumir uma relação sem preconceito. Por outro lado, sabia que correria o risco de ficar solitária.

A solidão durou pouco. Mas o reencontro do amor, em 1991, trazia a semente de futuros ressentimentos. O homem por quem Valéria se apaixonou – e com quem ela moraria durante três anos – terminou a união em 1994, de forma traumática. Ele a acusava de tê-lo contaminado pelo HIV.

> "Descobri mais tarde que ele já tinha o vírus quando começou o relacionamento comigo. O contágio foi com outra mulher."

A decepção com a mentira contada pelo parceiro e a preocupação com o vírus não abalaram o desejo de Valéria de encontrar uma cara-metade. Ao longo de quase duas décadas de convívio com o HIV – e honrando o compromisso de contar sempre a verdade –, ela conseguiu despertar o interesse de nove homens, com quem manteve relacionamentos amorosos intensos, sem culpas ou medos. Ainda que não tenham resultado em casamento, foram relações que propiciaram momentos felizes, de ternura e paixão, baseados numa palavra-chave: honestidade.

Ao longo dos anos, sob o impacto da doença, Valéria tem vivenciado uma delicada ambiguidade. Por um lado, transmite a todos a ideia de valorização da vida, com atitudes firmes, que servem de exemplo para quem pensa em desistir da luta. Por outro, é constantemente fustigada pela ameaça da morte. Um fantasma difícil de encarar. A saída: inspirar-se em si mesma para não desprezar o seu trunfo mais poderoso – a ânsia de viver mais um dia. Um por vez. E amanhã novamente...

> *"Não acrescente dias à sua vida, mas vida a seus dias."*
> – Harry Benjamin

Foi nesse tipo de pensamento que Valéria se apoiou quando, em 1997, contraiu tuberculose e sofreu uma infecção em algumas vértebras. Ela mal podia andar. O médico chegou a suspeitar de um linfoma na coluna. Valéria passou 78 dias internada, sem se locomover. E achou que ficaria paralítica. Mas, depois da definição do diagnóstico, o tratamento (demorado) surtiu efeito. E Valéria cristalizou em sua memória uma imagem comovente: a saída do hospital.

"Nunca vou me esquecer daquele momento, um dos mais emocionantes da minha vida. Fiquei muito feliz ao deixar o hospital, mesmo apoiada num par de muletas, toda torta."

Da penosa experiência, Valéria colheu um aprendizado:

"Morrer, todos vão um dia. Mas a vida deve ser vivida da melhor forma possível. O importante é valorizar cada minuto de forma intensa. É preciso escolher bem o que fazer nesse minuto, para ser feliz."

> *"Felicidade é saber aproveitar todos os momentos como se fossem os últimos."*
> – Lea Waider

Durante a internação para tratamento da coluna e da tuberculose, Valéria resgatou a fé em Deus. A crença religiosa havia se deteriorado a partir da perda do noivo, vítima da Aids, em 2 de fevereiro de 1987. Eles haviam se conhecido seis meses antes e chegaram a montar uma casa para viver juntos.

"Eu me perguntava por que o destino tinha me aprontado essa peça: apaixonar-me por alguém, e perdê-lo daquela maneira. Não entendia por que eu deveria passar por tudo aquilo."

Hoje Valéria tem a resposta.

"Acredito que a gente passa pelas coisas que a gente escolhe."

> *"O grande mérito da escolha é você ter a liberdade de fazê-la."*
> – Og Mandino

"Não foi Deus que matou meu noivo. Ele tomou as atitudes que julgou certas, mas que o levaram à morte. Da mesma forma, não foi Deus que me contaminou. Mas o resultado de minhas ações. Se eu fosse casta e tivesse planejado me casar virgem, seguindo uma vida de repressão sexual, eu até poderia perguntar: 'Deus, por que o Senhor cuidou tão mal de mim?' Mas eu não fiz por onde. Tive vários namorados. Não tomei as precauções necessárias. E, quando a Aids começou a ser comentada, não levei a ameaça muito a sério."

> *"A única maneira de evitar os erros é adquirindo experiência. Mas a única maneira de adquirir experiência é cometendo erros."*
>
> – Desconhecido

No dia 10 de outubro de 2006, Valéria completou 20 anos como portadora do vírus HIV. O contágio foi em 1986, com o namorado que faleceria no ano seguinte. Ela só soube que estava com Aids no fim de 1989. Mas já hospedava o vírus dois anos antes. Ela já desconfiava da contaminação, mas demorou a ter coragem de enfrentar o teste. É uma das poucas pessoas que sobreviveram ao período de maior dificuldade no tratamento da doença.

> "Poucos podem dizer que têm vinte anos de Aids. A maioria que ficou doente naquela época morreu em pouco tempo."

O coquetel – que passou a facilitar o controle da Aids – só surgiu em 1996. Portanto, Valéria conseguiu ter uma sobrevida de dez anos sem o principal medicamento de combate ao vírus. Na época, ela tomava apenas o AZT. E procurava exercitar uma permanente motivação na realização de projetos, pois sabia que a saúde mental também seria fundamental para permitir a preservação do pouco que ainda havia de vigor físico.

> "Até hoje, estou sempre fazendo alguma coisa. O médico recomenda que eu fique parada, mas não consigo. Uma pessoa ativa tem sempre um estímulo para o crescimento, para alcançar um objetivo na vida."

> *"A felicidade e a saúde são incompatíveis com a ociosidade."*
>
> – Aristóteles

A hiperatividade de Valéria só é quebrada pelos efeitos colaterais dos remédios consumidos. O coquetel provoca a chamada lipodistrofia, uma perda de massa nos membros (braços e pernas) e no rosto, além de um aumento do abdômen. O paciente tem um limite baixo de resistência nas tarefas cotidianas. Valéria não pode caminhar mais do que um quilômetro, não consegue correr ou dançar da forma desejada, e se cansa ao carregar peso – suporta no máximo 5kg. Além disso, o surgimento de doenças oportunistas, que se instalam por causa da baixa imunidade do soropositivo, sempre foi um impedimento a mais na hora de fazer planos, ao provocar uma letargia em momentos inoportunos.

Tanta restrição na saúde fez com que Valéria, por muitos anos, abrisse mão de um desejo antigo: ter um filho. Quando ela soube que havia sido contaminada pelo vírus da Aids, esse objetivo passou a ser considerado uma utopia. Um sonho distante. Mas, com o passar do tempo, o tratamento da doença evoluiu e Valéria conheceu mulheres que, mesmo sendo soropositivos, se tornaram mães de bebês saudáveis. Seu instinto materno, então, reacendeu. E a ideia de engravidar já não parecia tão proibitiva. Aos poucos, tornou-se um projeto de vida. Mas...

> "Faltava o marido. Eu tinha de encontrar alguém que se dispusesse a viver comigo e, mais do que isso, a aceitar ter um filho. Na ocasião, eu namorava um homem que já havia sido casado. E que já tinha dois filhos. Ele disse que não pretendia aumentar a família. Mas, certo dia, transamos sem camisinha e foi o que bastou. Engravidei."

Ao perceber que a menstruação não vinha, Valéria telefonou para o médico, confiante na gravidez. Ele brincou, dizendo que deveria ser a menopausa. Mas Valéria, bem-humorada, respondeu: "Minha menopausa vai acabar em nove meses, doutor." Os exames, então, confirmaram a suspeita. E o momento da notícia foi um misto de euforia e pânico.

"Fiquei alegre, mas, ao mesmo tempo, apavorada. Eu tinha tomado remédios fortes para combater uma sinusite durante um mês inteiro, além de ter sido internada com suspeita de água na pleura. Até que ponto isso poderia prejudicar o bebê?"

Mas o médico a tranquilizou: tinha certeza de que tudo ficaria bem se ela seguisse à risca as orientações. Valéria estava disposta a qualquer sacrifício para ver realizado seu sonho. Ela não poderia contrair nenhuma doença oportunista. Sabia que mesmo uma mulher saudável sofre uma queda da capacidade de defesa quando está grávida. Uma soropositivo, então, teria de tomar cuidados pra lá de especiais.

Valéria atravessava um momento único em sua vida. Tudo dava certo. Estava feliz. Durante a gestação, curtiu cada minuto da barriga que não parava de crescer. Aos 3 meses, soube o sexo do filho. Miguel Arcanjo estava a caminho. Valéria acarinhava a barriga, "conversava" com o menino e fazia mil planos enquanto preparava com zelo o enxoval.

"Minha barriga parecia uma abóbora, de tão grande. Eu me sentia orgulhosa."

Sua disciplina rígida, que obedecia a todas as determinações médicas, foi recompensada: ela conseguiu passar por toda a gestação sem qualquer susto. Fez acompanhamento clínico permanente. E, ao completar o oitavo mês de gravidez, estava tão eufórica que pintou o barrigão, usando batom para escrever o nome do filho e desenhar um coração. Uma foto para a posteridade.

Depois de 37 semanas de gravidez tranquila, chega o momento mais esperado de sua vida. A preparação para dar à luz. O médico decidiu por uma cesariana imediata, para evitar que ela entrasse em trabalho de parto, pois acreditava que dessa forma diminuiria os riscos de contaminação do bebê. Afinal, se houvesse o rompimento da bolsa, isso implicaria a mistura do sangue da criança com o da mãe, havendo o contágio.

Miguel Arcanjo veio ao mundo no dia 8 de abril de 2005, com 48cm e 3,8kg. E o melhor: esbanjando saúde. O menino foi submetido a exames para que os médicos se certificassem de que ele não era soropositivo. No início, o bebê ainda apresentava anticorpos da Aids. Mas a explicação era científica: as crianças sempre preservam anticorpos da mãe nos dois primeiros meses de idade. No entanto, depois, os resultados deram negativo. Hoje, os exames são feitos a cada três meses. E o menino, saudável, cresce em ritmo acelerado.

"Desde o início ele teve um desenvolvimento normal. No primeiro mês, já tinha chegado a 5kg. E no segundo, pulou para 6kg. Miguel é hoje uma das minhas razões de viver."

A existência de Miguel ajuda Valéria a superar as eventuais sensações de solidão. Afinal, o pai do menino, embora tenha assumido a paternidade e se comprometido a pagar pensão alimentícia, decidiu romper a relação amorosa. Valéria procura conciliar a maternidade com o desejo de preservar sua feminilidade, em busca de um novo romance. Nas saídas com as amigas, ela se arruma com esmero, capricha na maquiagem e nos acessórios, e se diverte em bares e casas noturnas, como qualquer pessoa que tem jovialidade e prazer de viver.

"E vejam só: minhas amigas, que são mais jovens, têm corpo bonito e esbanjam saúde, muitas vezes ficam sozinhas. E eu consigo sempre beijar na boca", diz Valéria, de forma divertida. "O difícil é conseguir um relacionamento sério, alguém que queira assumir compromissos."

Valéria tem tanta ânsia de usufruir dos momentos de lazer e bem-estar que se permite cometer certos abusos. Embora não deva consumir bebidas alcoólicas (sob hipótese alguma), não resiste a uma cervejinha gelada.

"Uma não. Dez", confessa, às gargalhadas.

Outro ponto fraco é o cigarro.

"De vez em quando, dou umas tragadas", revela. "Mas nunca perto do Miguel Arcanjo."

O bom humor e o otimismo só contrastam com o impacto causado pela baixa imunidade de Valéria. Às vezes, ela se sente cansada, sem disposição física para as atividades. E se torna difícil, até mesmo, cuidar do filho com a atenção desejada.

"Às vezes bate uma dúvida cruel: será que viverei o suficiente para criar meu filho?"

A doença faz de cada dia um novo mistério. É o jogo do imprevisível.

"Às vezes estou bem, às vezes não. Tenho consciência de que essa é minha realidade e preciso conviver com ela. O principal é não esmorecer na busca da felicidade e do bem-estar."

Valéria destaca que, por causa da Aids, existe um limite para a realização de novos projetos. Ela não pôde, por exemplo, fundar uma instituição para acolher jovens recém-saídos de abrigos.

"Geralmente, eles deixam as entidades ao completar 18 anos, mas não encontram respaldo para manter o tratamento, prosseguir os estudos e ingressar no mercado de trabalho."

Na medida do possível, ela mantém a iniciativa de esclarecer as dúvidas sobre a Aids. E se surpreende com a falta de conhecimento de muitas pessoas, mesmo hoje em dia, sobre as formas de contágio.

"É impressionante como o nosso trabalho – meu e de outros voluntários que dão orientações ao público – ainda é fundamental para acabar com os mitos sobre o HIV. Até em banheiro e lanchonete, já dei dicas de prevenção. Uma mulher pensava que pudesse pegar aids ao se sentar no vaso sanitário. Expliquei que ela poderia pegar várias doenças daquele jeito, mas não Aids."

"O mais importante na vida não é a situação em que estamos, mas a direção para a qual nos movemos."
– OLIVER WENDELL HOLMER

É nessa mistura homogênea de conquistas e dissabores que ela destaca o que vale a pena na vida:

"Ser feliz."

E o que é necessário para atingir a felicidade?

"Dar valor às pequenas coisas."

> *"Aprendi a procurar a felicidade limitando os desejos,*
> *em vez de tentar satisfazê-los."*
> – J. S. Mill

Para Valéria, a felicidade sempre divide espaço com a tristeza. Mas, cada vez que o abatimento toma conta de sua alma, ela se ergue para afastar o desânimo. E consegue resgatar o desejo de usufruir novas emoções.

"Sou feliz pelo menos oito horas por dia. No restante do tempo, posso até ficar triste, mas acabo percebendo que não vale a pena ser vencida pela depressão. Tenho muita confiança nas pesquisas científicas que podem levar à cura da Aids. Acredito que essa descoberta vai acontecer. E eu estarei livre. Enquanto isso, sigo sempre em frente com alegria de viver."

> *"De nada serve ao homem queixar-se dos tempos em que vive.*
> *A única coisa boa que pode fazer é tentar melhorá-los."*
> – Thomas Carlyle

Vera: a angústia de uma eterna procura

A bela tarde de sol com clima ameno era um convite a um passeio bucólico. Mas o cenário era sombrio e desolador. Um vasto terreno – abandonado, nos fundos de um cemitério – usado para desova e enterros clandestinos. Um lugar macabro e perigoso, evitado por toda a comunidade.

Era para aquele palco de horror que, naquela tarde, Vera Lúcia Flores Leite se dirigia com o coração apertado e uma esperança doída. Ali, Vera poderia chegar ao fim de uma *via crucis* que já durava anos. E, assim, com uma ansiedade incontida, Vera se dirigiu a passos largos até o local onde 11 covas haviam sido localizadas. O número era a chave para que a dona de casa desconfiasse estar perto da verdade tão almejada. Onze túmulos. Onze jovens desaparecidos – um deles, sua filha Cristiane, de 16 anos. Seria mera coincidência?

27 DE JULHO DE 1990.

A notícia estampava as capas dos principais jornais. O sumiço de 11 jovens (sete rapazes e quatro moças) no dia 26 de julho de 1990. Mais um retrato da violência no Rio de Janeiro. Para a maioria da população, um fato chocante, lamentável. Mas diluído no cotidiano das páginas policiais. Para sete famílias, porém, a notícia carregava uma tragédia que deixaria feridas profundas. Um sofrimento que se tornaria, com o tempo, uma dor crônica agravada pela agonia da dúvida. Os jovens estariam vivos ou mortos?

De concreto, havia poucas informações: o grupo passava o fim de semana num sítio em Magé, na Baixada Fluminense, quando, segundo testemunhas, a casa foi invadida por seis homens armados e encapuzados, que diziam ser policiais. Eles teriam ordenado que os jovens entrassem numa kombi que, supostamente, iria para a delegacia. A partir de então, o grupo não foi mais visto. O episódio teria desdobramentos que levariam a novas tragédias, numa escalada de truculência policial, investigações malsucedidas, vinganças e assassinatos.

Para as famílias das vítimas, seria apenas o começo de uma história de desespero, que exigiria uma mudança radical de comportamento. As mães tinham pontos em comum: eram donas de casa modestas, preocupadas com a educação dos filhos e com os afazeres domésticos, que lutavam no dia a dia pela subsistência básica da família e que não tinham a menor formação política.

Moradoras de Acari, no subúrbio do Rio, jamais poderiam imaginar que, um dia, suas causas seriam conhecidas internacionalmente. Elas se uniram para fazer valer seus direitos de cidadãs e exigir a solução do caso. E fundaram o grupo "Mães de Acari".

"Para se chegar à fonte, é preciso nadar contra a corrente."
– STANISLAW JERRY LAC

As mulheres apostavam na força da união para enfrentar a apatia social, resultante da banalização da violência nos grandes centros urbanos.

"Saí das minhas panelas e conheci os meus direitos."

A frase – que sintetiza o espírito coletivo da entidade – foi proferida por uma das mais atuantes integrantes do grupo: Vera Lúcia Flores.

Morte
Cemitério Magé
Terra
Magé

Grito.
Grito de raiva.
Grito de revolta.

"Quando chego perto de Magé, começo a ter dor de cabeça, ânsia de vômito, náuseas e vontade de gritar. Peço forças para aguentar. Quando chego ao sítio, já estou anestesiada. Não gosto nem de ver o nome Magé escrito nos ônibus."

A ida ao cenário onde Cristiane foi sequestrada provocou uma espécie de trauma em Vera. Depois de visitar o sítio, em busca de informações sobre o caso, ela passou a ter reações psicossomáticas ao se aproximar de Magé. A ida a cemitérios clandestinos e terrenos baldios usados para desova também lhe deprime profundamente. Mas, para tentar esclarecer os fatos, Vera faz qualquer sacrifício. O preço pago é alto: a perda da saúde. Vera adquiriu diabetes, de origem emocional. E chegou a perder parte de um dos dedos do pé. Ainda assim, não desistiu da luta.

> *"Quem procura a verdade procura Deus,*
> *ainda que não o saiba."*
> – EDITH STEIN

"Minha filha perdeu o direito de estar com a família. E de viver. Eu quero, pelo menos, encontrar os restos mortais. Tenho o direito de enterrá-la."

Naquela tarde de sol, com clima ameno, Vera mais uma vez se muniu de coragem e pôs o pé na estrada, rumo ao "inferno": Magé. Mais uma vez, participou de uma busca sinistra, ajudando a remover a terra com auxílio de bambu. Um trator escavava o terreno e funcionários da prefeitura peneiravam a terra recolhida. E, depois de horas de intenso desgaste físico e emocional, mais uma vez a desolação: nada foi encontrado. Tudo permanecia na estaca zero.

> *"O que sabemos é uma gota e o que ignoramos um oceano."*
> – ISAAC NEWTON

"Cada vez que isso acontece, é uma ferida que se abre novamente."

Mas Vera é mãe de Acari. Símbolo de luta e resistência. Cada decepção sempre se converte num motivo a mais para perseverar.

> *"Aquele que duvida e não investiga torna-se não só infeliz,*
> *mas também injusto."*
> – PASCAL

A partir de denúncias anônimas, ela participou de escavações numa salina, numa pedreira e numa usina de reciclagem de lixo, sempre em Magé. E nada. A ajuda da polícia sempre foi precária. As alegações variavam, desde a escassez de pessoal para as investigações até a falta de combustível para as viaturas. Na delegacia, com frequência, ela era a "chata", a "insistente", a "inconveniente"...

– Vai arrumar trabalho! – ouviu, certa vez, de um policial.

Vera foi ofendida diversas vezes, chegando a ser apontada como "mãe de bandido". Certa vez, foi expulsa da sala de um delegado, que não economizou sarcasmo.

– Não vou atender mãe chorando. Me apresente os inimigos de sua filha e investigarei o caso.

A discriminação se repetia nas ruas durante as manifestações das Mães de Acari nas escadarias da Câmara de Vereadores e da Assembleia Legislativa.

– Bando de desocupadas!

– Vai arrumar um fogão para cozinhar e um tanque para lavar roupa!

O preconceito se estendia até mesmo à comunidade onde Vera residia – o conjunto habitacional da Fazenda Botafogo, em Acari, onde Cristiane foi criada. Muitos moradores renegavam a antiga vizinha, alegando que ela "cheirava a confusão".

– Não quero ver você de conversa com a Vera. Não é boa companhia – decretavam algumas mães a seus filhos.

"Nunca perca a fé na humanidade, pois ela é como o oceano. Só porque existem algumas gotas de água suja, não quer dizer que ele esteja sujo por completo."
– GANDHI

Apesar do descaso das autoridades, da descrença dos amigos e do afastamento dos vizinhos, Vera ainda podia contar com as companheiras do grupo. E via nessa união um grande trunfo. Mas até mesmo esse apoio durou pouco. Em 15 de janeiro de 1993, uma nova tragédia estremeceu a disposição de luta da maioria das mães.

Edméia da Silva Euzébio, de 47 anos, foi assassinada a tiros no Centro do Rio. Mãe de Luís Henrique Euzébio, de 16 anos, ela era, junto com Vera, uma das mais atuantes na investigação paralela feita pelo grupo. Após um telefonema anônimo, Edméia foi ao presídio Hélio Gomes, no Conjunto Penitenciário da Frei Caneca (hoje desativado), para conversar com um preso que teria informação relevante sobre o caso. Edméia não teve tempo de repassar a ninguém a mensagem recebida na carceragem. A cerca de 200m da penitenciária, foi assassinada à luz do dia, com três tiros na cabeça.

"Tenho certeza de que a Edméia havia descoberto a verdade. Existe algo grande que impede que o caso Acari seja desvendado. Toda vez que alguém chega perto da elucidação do crime, algo acontece. Ou é morto ou, no caso das autoridades, é exonerado."

Com o assassinato de Edméia, a relação de Vera com a vizinhança azedou de vez. O pânico era tão grande que, no prédio, alguns moradores chegaram a passar noites em vigília, junto à janela, na expectativa de uma invasão de bandidos. Ninguém esquecia que a jovem Sheila da Conceição, de 25 anos, também havia sido morta porque acompanhava Edméia na saída do presídio. Vera também estava amedrontada e passava as noites em claro. Mas reagia com firmeza à frieza da comunidade.

"Se eles tiverem que entrar, vão entrar. Podem dormir", aconselhava aos vizinhos.

Ela compreendia o medo generalizado, mas, no fundo, sofria com o afastamento das pessoas. Os "amigos" de outrora se tornaram uma distante lembrança.

> *"Pela ignorância, nos enganamos. E pelos enganos aprendemos."*
> – Provérbio romano

O clima de terror minou a resistência das mães, a ponto de provocar a fragmentação do grupo. Quatro integrantes sucumbiram à pressão e abandonaram a causa. Uma a uma, elas arquivaram o assunto. Vítimas de doenças psicossomáticas provocadas pelo trauma, elas se debilitaram física e emocionalmente. Uma delas chegou a ter uma gravidez psicológica por nove meses: ganhou um barrigão típico de gestante prestes a dar à luz. Iludida, fez o enxoval completo do bebê. Outra ficou tão desequilibrada que passou a rejeitar veementemente a ideia da morte do filho. E, cada vez que a campainha tocava, corria na esperança de que fosse ele. Das sete mães, só duas persistiram no intuito da elucidação do caso: Vera Lúcia Flores Leite e Marilene Lima de Souza.

> *"Não somos apenas responsáveis pelo que fazemos, mas também pelo que deixamos de fazer."*
> – Moliére

Embora também sofressem as sequelas da dor (Vera, com diabetes emocional e Marilene com hipertensão arterial), elas consolidaram a atuação do grupo "Mães de Acari".

"Nosso trabalho já não era mais motivado só pela perda de nossos filhos, mas também em honra da memória de Edméia, uma guerreira eliminada covardemente na busca da verdade."

A partir de ações e denúncias, o grupo conquistou notoriedade internacional, como uma entidade de defesa dos diretos humanos, forte o suficiente para ganhar o reconhecimento de instituições estrangeiras de valorização da vida.

Refugiados da Bósnia
Mães da Praça de Maio (Argentina)
Mães de Acari (Brasil)

O grupo brasileiro se incorporou à galeria de organizações não governamentais comandadas por mulheres irmanadas em um objetivo nobre: descobrir o paradeiro de seus filhos desaparecidos em guerras, guerrilhas ou sequestros por grupos de extermínio. Vera, a mulher pobre e iletrada, moradora da periferia, se tornou uma voz-protesto, voz-símbolo, síntese da parcela marginalizada da sociedade. E passou a receber convites de autoridades do primeiro mundo para encontros e conferências.

"Perdi a comodidade da ignorância."
– Michael Apted

Em 1993, a mãe de cinco filhos que levava uma vida simples e sem grandes ambições foi convidada para uma palestra por ninguém menos que a primeira-dama da França, Danielle Miterrand. Foi a primeira experiência num fórum internacional. Lá, Vera participou de encontros de mães de desaparecidos políticos de cinco continentes.

Em 1996, sua voz combativa, que não encontrava respaldo nos gabinetes brasileiros, teve eco mais uma vez em salas de audiência do velho continente. A convite da Anistia Internacional, Vera fez pronunciamentos na França, Inglaterra, Suíça, Dinamarca e Alemanha para autoridades dos três poderes e dirigentes de entidades de direitos humanos.

A ampla repercussão do caso e o desempenho impecável diante da comunidade internacional só foram possíveis porque ela, desde cedo, percebeu a necessidade de uma tomada de consciência do momento histórico que estava vivendo e não se furtou a aceitar ajuda para aprender a se posicionar diante do mundo.

"Quando aconteceu a tragédia, eu não sabia o que fazer, o que dizer, como agir, para onde ir. Não sabia nem que tinha o direito de pisar em alguns lugares públicos."

O primeiro aceno de ajuda partiu do Centro de Articulação de População Marginalizada (Ceap), organização não governamental que dá apoio a vítimas de discriminação. Na entidade, Vera recebeu orientações preciosas para que adotasse uma conduta firme diante dos desafios. Aposentou a imagem de mãe chorosa e revestiu-se de uma máscara de "dama de ferro".

"Eles me mostraram o caminho para que eu pudesse 'andar'."

No Ceap, a convivência com pessoas que também sofriam preconceitos e passavam por constrangimentos permitia que Vera deixasse de lado o acanhamento e o sentimento de inferioridade e passasse a defender suas ideias e cobrar respeito de quem quer que fosse. Enfim, Vera foi à luta, ainda que para isso tivesse de conviver com o medo. Ela sabia que as investigações paralelas do grupo incomodavam os algozes.

"Tenho certeza de que tem gente graúda envolvida no crime."

E as ameaças poderiam surgir a qualquer hora e em qualquer lugar. Vera nunca relaxava. Frequentemente, pegava até três ônibus do Centro para casa, embora houvesse condução direta. Sempre que percebia estar sendo observada com insistência, ela saltava e tomava outro coletivo. O medo havia se tornado uma sombra permanente... Tanto que em 2001 ela viria a receber a ligação de um homem que queria, apenas, confirmar que ela estava em casa naquele momento.

"Fiquei com a sensação de que jamais me livraria desse tipo de intimidação. Mas não desisti da batalha."

"Acreditar em algo e não o viver é desonesto."
– GANDHI

Certas situações a deixavam intrigada, num misto de medo e constrangimento. Certa vez, estava num ônibus quando um vendedor ambulante de água, na rua, a reconheceu junto à janela.

"Ele exclamou: 'Ih, mãe de Acari.' E correu. Não entendi nada. Não sei se ele ficou com medo de mim ou se ele era uma ameaça a mim. Vivo estes dilemas, muitas vezes sem compreender o significado de certas atitudes. Na dúvida, saltei do ônibus imediatamente e tomei outro caminho."

Um ano e meio depois do ingresso no Ceap, Vera sentiu necessidade de ingressar numa instituição voltada à busca de desaparecidos. Ela ansiava pela ajuda de pessoas que compreendessem verdadeiramente seu problema e, em contrapartida, sentia um forte desejo de prestar solidariedade. Foi então que se engajou no Centro

Brasileiro de Defesa dos Direitos da Criança e do Adolescente (CB-DDCA), uma das mais atuantes ONGs do país (hoje extinta).

> *"Procurando o bem dos nossos semelhantes encontramos o nosso."*
> – PLATÃO

Mil e seiscentos desaparecidos. O balanço do CBDDCA referente ao período de 1992/2002 no estado do Rio de Janeiro mostra a dimensão do compromisso assumido por Vera ao abraçar a causa das famílias que procuram – por todos os meios – localizar seus parentes.

"Nunca pensei que houvesse tanta gente sumida no nosso estado. É assustador. Temos trabalhado incansavelmente, mas nem sempre os resultados são satisfatórios."

O trabalho incansável começou em fins de 1992. Até então, Vera tinha uma visão limitada que só ia até a décima primeira vítima de Acari. Ao entrar no Centro, ela se deparou com uma dura realidade: dezenas de nomes de pessoas de todas as idades e classes sociais que saíram de casa e nunca mais retornaram.

Cristiane já não era só Cristiane. Eram Cristianes, Marias, Anas, Josés, Robertos, Paulos etc. Uma extensa lista que não parava de crescer. A meta era lançar mão de todos os instrumentos legais para viabilizar a localização do maior número possível de vítimas. Uma das principais ferramentas era a divulgação de fotografias e informações sobre os desaparecidos, tais como características físicas, idade, escolaridade, endereço etc. Observar atentamente os rostos na galeria de fotos se tornou um hábito diário. Uma emoção que se renovava a cada semblante. Cada olhar ali exposto suscitava uma profunda empatia e um sentimento de ternura.

"Me sinto 'mãe' de todos eles."

A procura obstinada daquelas pessoas passou a ser uma razão de viver. Uma guerra pessoal, uma questão de honra. Sua bandeira ganhou as ruas em manifestações populares. E chegou à mídia. Foi quando os resultados se tornaram mais expressivos. Fotografias eram publicadas em jornais, apareciam na tevê e, a partir de uma campanha de conscientização, foram estampadas em ônibus, sacolas de supermercados, maços de cigarro e onde mais houvesse espaço apropriado. Até mesmo uma telenovela se inspirou no tema: "Explode Coração", da TV Globo, em 1995. Desde então, cada vez que o telefone tocava, o coração de Vera disparava na esperança de uma boa notícia.

"Ai meu Deus, alguém foi encontrado!"

Nem sempre a expectativa se confirmava. Pelo contrário. Muitas vezes, era mais uma adesão à já extensa galeria de rostos sem paradeiro. Nessas horas batia uma angústia, uma vez que, apesar de todo o esforço, a lista teimava em aumentar. Mas, quando a ligação dava conta do aparecimento de alguém...

"Não conseguia me conter. A euforia era incontrolável. Era como se um filho, um pedaço de mim, tivesse sido recuperado."

Vera já teve a satisfação de intermediar vários reencontros de desaparecidos com suas famílias. Uma das maiores emoções foi encaminhar um menino chamado Célio de volta à casa da mãe. O garoto havia sido sequestrado pelo próprio pai aos 4 anos, no Rio de Janeiro, e levado para o Mato Grosso do Sul, onde foi escondido por 12 anos. Com a divulgação de fotos pelo Centro, o paradeiro do menino foi descoberto. E, com o apoio de autoridades de defesa do menor, Célio pôde reencontrar a mãe.

"Me identifiquei plenamente com o sentimento de alívio daquela mãe. Imaginei como seria reencontrar a minha filha querida."

Em 2007, 17 anos depois do crime, Vera Lúcia Flores tem no rosto as marcas do cansaço. Mas ainda está de pé. O Centro Brasileiro fechou as portas. Mas ela não abriu mão de permanecer na luta contra a impunidade. A mãe de Acari faz parte de uma espécie de cooperativa de parentes de vítimas da criminalidade, sediada no Centro do Rio. A Rede de Comunidades contra a Violência, apoiada por entidades humanitárias estrangeiras e por doações de simpatizantes brasileiros, oferece acompanhamento jurídico e psicológico às famílias, além de organizar campanhas de valorização da cidadania e reuniões para discussão de metas e soluções contra injustiças.

Vera ainda investiga a morte da filha, mas cada vez com menos esperança de punição aos assassinos. Até porque as testemunhas – e os supostos envolvidos no caso – têm morrido, sucessivamente, ao longo dos anos. O principal suspeito do crime – um policial apelidado de Peninha, dono de um sítio em frente ao local onde os jovens estavam – foi assassinado em 1996. Outro policial conhecido como Cícero, que seria do grupo de Peninha, também foi morto por inimigos. O motorista dele, preso por atirar no irmão, deu informações ao sobrinho de uma mãe de Acari, ainda na cadeia, sobre as táticas de Peninha e de seus comparsas no extermínio dos desafetos. Foi por meio desse testemunho extraoficial que Vera acredita ter chegado mais perto da verdade.

Uma verdade aterrorizante, que choca pela selvageria e pela crueldade dos criminosos. Segundo a testemunha, Peninha teria entregue os jovens aos leões. Ele manteria os animais numa jaula, com o intuito de usá-los para devorar inimigos.

"A história é tenebrosa e nos faz sofrer muito. Mas, infelizmente, é a que parece mais verídica até agora. Estive lá e vi o sítio abandonado, com a maldita jaula. Uma barbárie inacreditável. Minha filha teria sido devorada pelos leões, assim como os outros jovens do grupo. O método era sempre o mesmo: Peninha esticava primeiro o braço da vítima, através da grade. E depois, em tom de gozação e para delírio dos cúmplices, atirava os 'condenados' por cima da jaula para que os animais fizessem a refeição do dia."

Em 2006, última vez em que Vera esteve no antigo sítio de Peninha, vendido a um ex-policial, o lugar estava bem diferente. Mesmo sendo peça-chave na investigação das mães de Acari (extraoficial), o cenário foi aterrado em 1m. Um casarão com piscina foi construído no local. A polícia, pressionada pelas famílias das vítimas durante o processo, levou até lá um sonar para detecção de materiais soterrados. Mas, ironicamente, embora tenha detectado a presença de algo sólido em exatos 11 pontos (número de vítimas), a polícia informou que só tinha licença para escavar até 1m. Ou seja, exatamente a profundidade do aterro feito pelo atual proprietário, onde jamais poderiam ser achados ossos de vítimas de quase duas décadas atrás.

A mulher do dono do imóvel, segundo Vera, não demonstrou interesse em ajudar na elucidação do caso.

"Certa vez, o jardineiro da casa me contou que encontrou ossos ao escavar o terreno e que eles seriam, visivelmente, de seres humanos. Mas a patroa mandou que ele jogasse tudo fora, insistindo que seriam restos de cachorro."

Depois de 17 anos de notícias escabrosas, investigações sem resultados concretos e muito sofrimento, as mães de Acari continuam sem uma resposta das autoridades. O caso não foi esclarecido. Ninguém foi punido. Do grupo, só duas se mantêm ativas na luta pela verdade sobre a chacina e em defesa dos direitos humanos: Marilene Lima e Souza, mãe de Rosângela, de 18 anos; e Vera Lúcia Flores, mãe de Cristiane, de 16 anos.

"Não perco a esperança. Buscar a Cristiane é meu desafio, até a morte. Aprendi a viver com essa dor dentro de mim. Sigo em frente porque estou viva e isso já é uma bênção."

"Eu gosto de viver. Já me senti ferozmente, desesperadamente, agudamente infeliz, dilacerada pelo sofrimento, mas apesar de tudo ainda sei, com absoluta certeza, que estar viva é sensacional."
– AGATHA CHRISTIE

Virgínia: os milagres da "Josefina, perna fina"

– Virgínia, você nunca vai se casar! Qual homem vai querer uma paraplégica?
– Virgínia, que história é essa de andar a cavalo? Impossível!
– Você jamais poderá ter filhos. Só se for milagre...

Quem poderia imaginar que uma mãe em sã consciência fosse capaz de dizer à filha palavras tão ofensivas e carregadas de desprezo? Pois foi exatamente esse discurso duro que Virgínia Diniz Carneiro ouviu durante a infância e a juventude, dentro da própria casa.

Vítima de poliomielite aos 10 meses, ela ficou paralítica aos 2 anos. E sua mãe, por não saber lidar com a deficiência da filha, e na tentativa de evitar que ela alimentasse ilusões de uma vida "normal", foi a primeira a ferir o orgulho da menina, supostamente para protegê-la de decepções futuras.

Mas Virgínia nunca se deixou abater pela falta de confiança das pessoas em sua capacidade de transpor os limites da imperfeição física.

"As sequelas da pólio davam a todos uma impressão de incapacidade. Só EU sabia a verdade. E esta verdade tinha de ser revelada."

A mãe dela, que também se chamava Virgínia (Pinheiro de Carvalho Britto), não sabia que a filha absorvia com senso crítico cada ultraje e o convertia num motivo a mais para provar a si mesma, à mãe e ao mundo que "querer é poder". Virginia queria. E pôde.

> *"Viver feliz é uma questão de decisão do hoje, aqui e agora."*
> – PADRE PAULO RODRIGUES

Para perplexidade e admiração da família, Virgínia foi a primeira dos 12 irmãos a se casar. Tinha apenas 16 anos. E viveu 56 ao lado do marido, Paulo, até a morte dele, em 2002. O casamento lhe proporcionou, logo no começo, o primeiro "milagre": o nascimento de Paulo Elysio.

"'Se Deus me concedeu um milagre, vai me presentear com outros.' Era assim que eu pensava."

> *"Existem apenas duas maneiras de ver a vida: uma é pensar que não existem milagres; e a outra é achar que tudo é milagre."*
> – ALBERT EINSTEIN

Para espanto geral, Virgínia concebeu outros cinco "prodígios": Virgínia Helena, Amelina, Luiz Alberto, Virgínia Thereza e Manoel Thomaz. Cada filho simbolizava mais uma vitória.

> *"O homem deve criar as oportunidades e não somente encontrá-las."*
>
> – Francis Bacon

Virgínia ludibriou todos os prognósticos pessimistas sobre seu destino. E, desde cedo, percebeu que um bom caminho para o sucesso na vida pessoal era cultivar o bom humor. Na época de estudante, ao chegar à sala de aula, era a primeira a avisar: "Chegou a mula manca." Com isso, antecipava-se às gozações, neutralizando qualquer tentativa de ofensa, sem complexo de inferioridade. Extrovertida, recebeu o apelido de "molequinha" – "que eu considerava carinhoso", lembra). Não se incomodava de ser a "Josefina, uma perna grossa, outra fina", brincadeira de mau gosto explicada pela atrofia da perna direita. Para andar, Virgínia se apoiava nas pessoas ou nas paredes. Ela não tinha equilíbrio suficiente para caminhar por conta própria. Mas nada detinha seu impulso de agir da maneira mais natural possível, ignorando as dificuldades.

Tanto que, um dia, Virgínia decidiu participar da equipe de vôlei do colégio. A reação geral foi de incredulidade: "Você vai afundar o time." Ela não titubeou e lançou um desafio: "Vocês terão de me provar que eu vou afundar o time." Ela não só foi uma boa jogadora (usando cadeira de rodas) como, a partir do esforço e da dedicação, conquistou o posto de capitã. E ainda substituía a professora nos dias de folga. Sempre que alguém duvidava de sua habilidade para uma tarefa, Virgínia fazia questão de provar o contrário. E adorava contrariar as expectativas.

> *"Um dos maiores prazeres da vida consiste em fazer o que os outros lhe dizem que você não pode."*
>
> – Walter Bagehot

"Minha mãe me considerava o 'João Teimoso', boneco que ninguém consegue derrubar. O mais importante é que, em todo o meu esforço, não havia orgulho. Eu não queria me sobressair. Queria ser igual."

Se, por um lado, a mãe não lhe dava o menor incentivo, por outro, Virgínia encontrava na avó um apoio ferrenho para acreditar em si mesma. Os avós tinham uma fazenda de mil alqueires (Vila Elisa), em Minas Gerais, com bosques, lagos, currais e fábrica de tecidos. Neste cenário bucólico, a menina recebeu ensinamentos que seriam incorporados à sua personalidade por toda a vida. Certa vez, a avó disse à neta, com 10 anos: "Existem duas espécies de valor: os bens materiais e os valores pessoais do ser humano. Procure pertencer a este grupo, cuja beleza vem do espírito. Eles irradiam sempre felicidade, confiança e esplendor."

"Eu jamais deixei de observar a sabedoria contida nessas palavras."

A avó também estimulava a neta a agir como uma crianç.. normal. Inacreditavelmente, Virgínia subia em árvores com uma desenvoltura surpreendente para sua condição física – brincadeira que nem mesmo algumas garotas sem deficiência ousavam tentar. A aventura – arriscada para quem precisava se apoiar com os braços – nem sempre era bem-sucedida. E Virgínia chegou a se machucar. Mas não abria mão das tentativas. E vibrava a cada êxito.

"A vida está cheia de desafios, que se aproveitados de forma criativa, transformam-se em oportunidades."
– MAXWELL MALTZER

Aos 8 anos, ela passou a morar numa fazenda com a família, em Volta Redonda, no Sul Fluminense, onde pôde reviver diariamente as aventuras experimentadas nas visitas aos avós. E ainda criava novos desafios. Um dos mais difíceis: montar a cavalo. Virgínia disputava com os irmãos o privilégio de cavalgar nos melhores animais. A princípio, ficava sempre com um pangaré apelidado de "besta do vovô". Lenta, Virgínia era sempre a última a chegar ao estábulo e não tinha escolha. Até que um dia, cansada da desvantagem, ela bolou uma estratégia: acordou mais cedo para chegar na frente de todos e garantir a montaria do alazão, o melhor cavalo da estrebaria. Virgínia subia num caixote, e conseguia com dificuldade montar o animal. O que, eventualmente, custava alguns tombos.

A vida esportiva de Virgínia ia além. Por força do tratamento de fisioterapia, ela teve de praticar natação a partir dos 5 anos. A piscina era o único local onde ela conseguia movimentar as pernas. Uma sensação de liberdade experimentada com satisfação e alívio. As atividades físicas se tornavam a cada dia mais importantes. Eram, ao mesmo tempo, uma maneira de exercitar o corpo (para não ficar entrevada numa cadeira) e uma forma de integração, já que outros desenvolviam práticas semelhantes. Todos os êxitos contribuíram para que a menina não se tornasse refém da paralisia. E ela sempre acreditava em novos avanços.

"Toda atitude de fé e otimismo repercute de maneira positiva e cria um ambiente saudável para a convivência. Quem é pessimista e desanimado, por outro lado, acaba afastando as pessoas."

> "A felicidade não está em viver, mas em saber viver.
> Não vive mais o que vive, mas o que melhor vive, porque a
> vida não mede o tempo, mas o emprego que dele fazemos."
> – ALEXANDER LOWEN

Esse pensamento acompanhou Virgínia até a maturidade. Tanto que, já adulta, ela ainda surpreendia. Estava grávida do quarto filho quando aprendeu a dirigir. E a iniciativa partiu do marido, Paulo, que confiava na capacidade da mulher. Certo dia, ele chegou do trabalho com um carro e determinou: "Sente aí, você vai guiar." Ciente de que a esposa não sabia dirigir, mas adoraria a ideia, Paulo se antecipou, e levou um instrutor. Virgínia começou a treinar imediatamente. E dirigiu por 44 anos, sem se envolver em qualquer acidente. Já idosa, parou de dirigir, mas, sempre brincalhona, preservou o bom humor: ela diz que é a moradora mais "chique do prédio": todos os dias chega um motorista diferente para buscá-la...

Essa boa relação com as pessoas – arejada, sem amargura – sempre foi possível porque Virgínia – ciente do próprio valor – nunca viu nos outros uma imagem inimiga, um dedo apontado em sua direção. Ela sabia que, se dependesse de estímulos externos, seria uma eterna entrevada. Mas, ao assumir uma postura independente, marcava fortemente sua presença e cativava quem estava ao redor. As limitações, em vez de inibir suas aspirações, agiram como mola propulsora, alavancando sua disposição de vencer não só uma batalha, mas toda a guerra contra o preconceito.

> *"O esforço próprio é a mola do verdadeiro crescimento humano. É nele que está o germe da vitória."*
> – Esopo

> "Se não fosse a deficiência, eu provavelmente não teria a mesma garra para vencer na vida."

Que Virgínia tinha um brilho próprio, disso ninguém duvidava. Mas faltava algo para sua realização pessoal. E ela não demorou muito para compreender: sua capacidade de preservar a autoestima não deveria beneficiar apenas a si mesma. Ela sentiu necessidade de transformar esse sentimento afirmativo num espelho para todos. Arregaçou as mangas e mergulhou, definitivamente, na missão de transmitir seu exemplo de autoconstrução àqueles que se tornaram reféns de desânimos e descrenças.

Volta Redonda, no Sul Fluminense, foi a primeira cidade a testemunhar a força transformadora de Virgínia Diniz Carneiro. Em 1943, ela ingressou como voluntária na Legião Brasileira de Assistência (LBA), onde ficaria até 1947. E estava só começando...

No mesmo município, ela se associou ao padre da Paróquia de Santa Cecília e fundou um centro educacional que agregava 12 colégios, com novecentos alunos. Esteve à frente da instituição, como diretora, de 1947 a 1953.

Oito anos depois, em 17 de dezembro de 1961, Virgínia estava sozinha em casa quando o noticiário, no rádio, informou sobre o incêndio no Circo Americano, em Niterói.* Cerca de quinhentos mortos. Centenas de feridos. Setenta por cento das vítimas eram crianças. Compadecida, Virgínia se ofereceu para cuidar dos queimados no Hospital Getúlio Vargas Filho. De dezembro de 1961 a abril de 1962 ela se dedicaria a esta árdua e emocionante tarefa, com devoção e afinco.

> *"Comece por fazer o que é necessário; depois o que é possível e, de repente, estará a fazer o impossível."*
> – São Francisco de Assis

Ao chegar ao hospital, Virgínia percebeu a dimensão da tragédia. E o quanto seria útil naquele cenário. Ela foi encaminhada a uma

---

* O incêndio foi na tarde de 17 de dezembro de 1961. Um operário que trabalhou na montagem do circo planejou a vingança, após ter sido demitido. Ele teve dois comparsas. Os três foram presos. Adilson Marcelino Alves, o Dequinha, autor da ação, foi morto em 1973, depois de fugir da cadeia.

enfermaria para cuidar de três crianças: Maria Helena e Marta, de 12 anos; e Patrícia, de 5. Na teoria, o trabalho consistia em fazer compressas, dar remédios, verificar a temperatura e alimentar as pacientes. Mas, na prática, o serviço envolvia uma intensa carga emocional.

Já no primeiro dia, a voluntária cumpriu dez horas ininterruptas. Ao deixar o hospital, sentia-se exausta, mas feliz pelo dever cumprido. E sabia que a jornada apenas começara. Dias depois, ela foi transferida para uma enfermaria onde estavam cinco crianças em estado mais grave. Uma delas respirava por um tubo, estava muito agitada e teve de ser amarrada na cama. Mas o momento mais angustiante aconteceu quando, numa noite, uma das meninas, de 8 anos, não resistiu aos ferimentos e morreu.

"Meu coração estava apertado. Senti uma dormência, um amargor na boca. Estava revoltada. Só Deus me daria força para vivenciar todo aquele impacto emocional. Eu precisava continuar a minha empreitada."

Logo em seguida, mais um choque. Virgínia foi designada para acompanhar a retirada das ataduras das crianças. Algumas não sabiam que haviam perdido dedos ou até mesmo as mãos.

"Senti um misto de emoção, pavor e responsabilidade."

Com apoio das enfermeiras, ela programou uma série de atividades em que as crianças teriam de agir sem as mãos. Queria prepará-las para o susto. Até que chegou o momento da retirada das ataduras. Heleninha foi a primeira. E teve uma reação de espanto. Ingenuamente, perguntou: "Como vou carregar minha bolsa?" Firme, Virgínia respondeu: "Com o pulso. A mão não vai fazer falta." Virgínia lhe mostrou como fazer. E a menina ensinou às colegas – inclusive as que tinham mãos – a agir da mesma maneira. Aos poucos, outras crianças passaram, com louvor, pelo mesmo desafio: aceitar as perdas e mudar a forma de ação. A batalha estava sendo ganha.

Dias se passaram. E o Natal chegara. As crianças ganharam presentes. Eram momentos de alegria que atenuavam, em parte, a dor e o sofrimento. Na transfusão de soro e nos curativos, o medo e a agonia. Mas, passados os instantes de apreensão, elas voltavam a brincar. E conseguiam até mesmo se divertir. Pena que, volta e meia, o peso da realidade se impunha e uma aura sombria tomava conta do quarto. Nessas horas, Virgínia respirava fundo... e tentava resgatar os sorrisos dos pequenos pacientes.

"Lembro da primeira vez que cantamos. Éramos três auxiliares. Puxamos o coro. Uma das meninas logo aderiu, mas a outra a repreendeu: 'Sua nojenta, como pode cantar?' Regina Lúcia estava triste porque tinha perdido os pais. Insisti: 'A alegria e o canto são necessários e nos fazem bem. Sorria. Vamos, bote as canjicas para fora.' Somente dois dias depois conseguimos fazer com que Regina cantasse. E ela aprendeu a lição. Um dia, incentivou uma colega a rir do mesmo jeito: 'Bote as canjicas para fora.' Chorei de emoção."

Os momentos comoventes se sucediam. E alguns eram particularmente difíceis. Certa vez, Virgínia precisava contar a um menino de 8 anos, José, que a mãe dele havia morrido. Não sabia por onde começar.

"Quando indaguei se ele teve notícias dela, José ficou em silêncio. Mas logo depois gritou: 'Minha mãe morreu. Minha mãe morreu. Eu sabia.'"

Ele contou, então, que, ao chegar ao hospital, um enfermeiro comentou que a moça com quem ele estava havia morrido. Quando o garoto disse que a mulher era mãe dele, o rapaz se desesperou, dizendo que jamais daria a notícia se soubesse do parentesco. E disse: "O que farão comigo agora? Eu não devia ter falado nada." O menino, demonstrando uma consciência surpreendente para sua idade, guardou segredo para proteger o enfermeiro. E só agora podia desabafar...

A intensa atividade de Virgínia no hospital deixava uma sensação de vazio dentro de sua casa.

"Certa vez, meu filho caçula questionou, aos 3 anos, por que eu saía para cuidar dos filhos dos outros e o deixava em casa. Aquele apelo me perturbou. E só fui para o hospital porque já havia prometido acompanhar uma criança de 2 anos na sala de cirurgia. No hospital, depois da operação, a menina sorriu, estendeu os braços para me abraçar e chamou: 'Mamãe.' Respondi: 'Filhinha.' E chorei. Vi que, apesar de estar com crise de consciência, Deus me mostrou que não somos mães apenas de nossos filhos, mas de todos que precisam de carinho."

> "A estrada da tua felicidade não parte das pessoas e das coisas para chegar a ti. Parte sempre de ti em direção aos outros."
> – Michel Quoist

Além do voluntariado no hospital, Virgínia foi atuante em diversas frentes de ajuda. E, por conhecimento de causa, não poderia deixar de desenvolver um trabalho voltado aos deficientes físicos. Durante 28 anos, ela foi diretora administrativa da Associação

Brasileira Beneficente de Reabilitação (ABBR), onde chegou a assumir a presidência por dois anos. O trabalho – aliado à facilidade de comunicação – a credenciou a comandar dois programas de tevê nos anos 1960. Ela esteve à frente do *Reabilitação em foco*, na TV Tupi, e no especial *Dez Anos ABBR*, na TV Rio.

Sobrinha de um político influente – Israel Pinheiro, governador de Minas Gerais* –, Virgínia recebeu convites para ingressar na política. Mas sempre preferiu desenvolver trabalhos de utilidade pública fora do círculo oficial.

"Para mim, a política atrapalhava. Meu tio costumava dizer que 'as moscas mudam, mas a titica é sempre a mesma'. Usava um termo feio, mas que designava exatamente o que ele pretendia dizer."

E foi no trabalho voluntário, não oficial, que Virgínia decidiu se especializar. Além da prática, ela queria adquirir conhecimento teórico que desse uma base sólida para sua atuação. Assim, ingressou em seminários e cursos sobre valorização do ser humano e autoconhecimento. Dentre vários temas, ela destaca "Inteligência emocional: as lições do novo cérebro" e "Descubra o perfeito no imperfeito".

"Aprendi que as pessoas tendem a ver, antes de tudo, os defeitos. Procuram o imperfeito dentro de cada um. Enfatizam o que há de errado. Não percebem que o saudável é procurar o perfeito que existe dentro de nós. Nossas qualidades. Elas é que deveriam ser destacadas..."

---

* Israel Pinheiro (Caeté, 1896 – Caeté, 1973) – Foi o primeiro prefeito de Brasília (17/04/60 a 31/01/61) e governador de Minas Gerais (31/01/66 a 15/03/71), entre outros cargos públicos.

A experiência da "operária do voluntariado", aliada ao conhecimento teórico sobre o ser humano, a habilitou para uma nova fase de sua vida de abnegação. Virgínia queria ser palestrante. E estava pronta.

Ela passou a percorrer o país levando conforto e orientação, por meio do próprio testemunho, a um povo descrente e sem perspectiva de bem-estar e paz interior. Se, nos centros de reabilitação e nas instituições de caridade, seu principal instrumento eram as mãos, agora ela transformava a voz no maior recurso de luta. Seus pontos de vista otimistas ganhavam ressonância. E passou a beneficiar um número bem maior de pessoas.

Dentro da nova metodologia de trabalho, voltada ao coletivo, era preciso tomar cuidado para não haver discriminação. Surgiriam plateias de todos os tipos... E não demorou muito para que isso ficasse claro. Virgínia foi convidada a expor suas ideias diante de ladrões e assassinos, numa penitenciária do Rio de Janeiro.

"Confesso que senti medo. Não deles propriamente. Não imaginei que pudesse ser agredida ou algo parecido. Mas tive receio da reação dos presos às minhas palavras e crenças."

Indiferença? Emoção? Aplausos? Ou rejeição? Tudo passava pela cabeça de Virgínia. Ela temia que seu testemunho não interessasse àqueles rapazes, que viviam o lado mais negro da vida: a marginalidade. Os 129 detentos tinham entre 18 e 21 anos. E a palestrante havia assumido um compromisso velado, com ela mesma, de tentar conscientizá-los sobre a importância de acreditar na própria capacidade e, quem sabe, mudar definitivamente o rumo de seus destinos.

> *"É preciso ter coragem para levantar e falar,
> mas também é preciso coragem para sentar e ouvir."*
>
> – Anônimo

Ao entrar no salão, o ambiente era tenso. Guardas com as armas levantadas, de prontidão. Inspetores perfilados de pé, atentos. E um barulho incômodo vindo das solitárias (presos confinados faziam ruídos para chamar atenção). Virgínia decidiu tomar uma atitude: exigiu que os agentes baixassem as armas e que os inspetores se sentassem (como os presos já estavam). Caso contrário, iria embora. E mais: perguntou qual dos presidiários poderia ajudá-la a pendurar um cartaz na parede da sala.

A princípio, houve um silêncio constrangedor. O diretor do presídio arregalou os olhos. O pedido poderia pôr em risco a segurança da palestrante. Mas ele preferiu ficar quieto. Alguns presos logo ofereceram ajuda. E afixaram o cartaz. Assim, Virgínia conseguiu quebrar o gelo, demonstrando aos presos que não estava ali para discriminá-los. Pelo contrário. Revelou confiança na plateia.

E a palestra começou. Decidida a convencê-los sobre a necessidade da autovalorização, a visitante lançou mão de um argumento irrefutável: o dom precioso da existência.

"Eu disse que somos privilegiados pelo simples fato de termos nascido. Todos ganham um papel de igual importância no mundo e devem honrá-lo na vida. A humanidade é como um círculo que não pode sofrer descontinuidade. Não devemos deixar de cumprir nossas tarefas."

A receptividade foi surpreendente. Virgínia, que só teria 45 minutos, já falava durante uma hora, sem qualquer interferência.

Ao perceber a demora, ela interrompeu o discurso. Mas foi incentivada pelo diretor do presídio a continuar. Ele tinha lágrimas nos olhos. A palestrante perguntou aos presos o que eles desejavam. E a resposta foi comovente.

"Queremos que a senhora continue a nos dizer as suas 'verdades' –, disse um deles."

Ao fim do encontro, um momento singular: Virgínia foi rodeada pelos presos, que fizeram questão de parabenizá-la e agradecer-lhe as palavras de incentivo.

"Foi demais! Eles subiram ao palco para apertar minha mão, um a um, e dizer: 'Muito obrigado.' Percebi que eles se sensibilizaram com minhas palavras. E notei o quanto também aprendi com eles..."

Essa troca de aprendizado tem sido uma lição. Se, por um lado, Virgínia é uma referência de comportamento para o público, por outro também percebe o que há de melhor na plateia, e absorve olhares e gestos com sensibilidade. Da mesma forma, ao ouvir o próprio discurso, ela amadurece o pensamento e acredita cada vez mais nele.

"Feliz é aquele que transfere o que sabe e aprende o que ensina."
– Cora Coralina

Curiosamente, Virgínia se empenha para ficar de pé durante as explanações. Ela tenta, com isso, demonstrar respeito ao público.

E lida com o sacrifício sem perder o bom humor:

"Meus pés odeiam minhas palestras, têm horror de minhas palavras."

Apesar de direcionar seu trabalho a grandes plateias, Virgínia nunca se furtou em oferecer apoio individual, sempre que solicitada. Certa vez, quando uma mulher telefonou, lamentando estar "presa numa cadeira de rodas", Virgínia se indignou: "Como? Alguém te amarrou na cadeira?" Depois de ouvir as lamúrias, Virgínia foi incisiva: "Em vez de prender, a cadeira de rodas te dá asas. Permite que você vá a lugares aos quais jamais poderia ir sem ela." A interlocutora jamais tinha visto a cadeira por esse enfoque. E, a partir dali, mudou.

> *"Sede como os pássaros que, ao pousarem um instante sobre ramos muito leves, sentem-nos ceder, mas cantam, pois sabem que possuem asas."*
> – Victor Hugo

Em outra ocasião, Virgínia foi visitar um homem que tinha o braço e a perna esquerdos paralisados. Ele estava deprimido e desiludido. Nada o agradava. E tudo era motivo de queixas e lamentações. Assim que entrou na casa, ela o ouviu dizer, de forma nada amistosa: "Não adianta a senhora vir aqui. Minha vida não tem nada de bom." Foi a senha para que Virgínia, em pouco tempo, provasse que ele tinha muitos motivos para ser feliz.

A estratégia foi simples, mas eficaz: "O senhor enxerga?" Ele assentiu. "O senhor ouve?" De novo, um aceno positivo. Com um leve sorriso, ela pediu que ele fizesse uma lista de coisas boas e uma de coisas ruins que ele tinha na vida. O homem enumerou meia dúzia de problemas, com destaque para a deficiência física. E não apontou quase nada de bom. Ao ler as breves listas, Virgínia usou malícia para atingir seu objetivo: "Seus pais devem ser muito ruins..." Ofendido, o rapaz esbravejou: "Meus pais são ótimos!" E ela perguntou: "Então, por que não estão na lista boa?" Virgínia sugeriu que ele refizesse a lista, com calma, e telefonasse quando a relação estivesse pronta.

Demorou. Mas Virgínia recebeu, finalmente, uma gratificante correspondência: a lista, já refeita, e com um resultado inverso ao anterior. Havia muito mais coisas boas do que ruins. Diante das evidências, o rapaz foi obrigado a admitir que tinha motivos suficientes para não se lamentar da vida. E agradeceu a Virgínia por ter acendido essa consciência.

"Algumas pessoas só conseguem se fixar nos problemas, sem enxergar o que existe de bom. Foi o caso desse rapaz. Ele só via a paralisia do braço e da perna, ignorando todos os elementos positivos de sua vida. Todas as pessoas deveriam fazer uma lista de coisas boas e outra de ruins. E veriam que muitas reclamações são infundadas."

"O homem sábio é aquele que não se entristece com as coisas que não tem, mas se rejubila com as que tem."
– EPICTETO

Hoje, aos 86 anos (em 2010), Virgínia ainda mantém o ritmo de trabalho e nem pensa em se "aposentar". Em 2005, proferiu 119 palestras – uma a cada três dias, aproximadamente.

"A velhice não é sinônimo de decadência ou alienação, mas sim um processo contínuo de vida. A incompreensão da sociedade é que faz as pessoas envelhecerem com decadência."

As palestras têm uma linha-padrão, mas com algumas variáveis. Dependendo do público – jovens, casais ou idosos –, ela acrescenta uma visão peculiar do cotidiano. Para quem passou dos 60, a principal lição é exatamente sobre a utilidade do ser humano. "Eles têm horror de se sentir inúteis." Para uma senhora que estava internada, achando-se a última das criaturas, Virgínia disse, com ânimo: "Você é muito útil. Veja quantas enfermeiras dependem dos doentes para manter o emprego. Veja quantos fraldões você usa por mês. Imagine o lucro que está dando para a indústria...", brincava.

"Ela foi obrigada a rir da minha observação... A verdade é que, quando queremos nos ver com orgulho, sempre temos razões para isso. É o que eu mostro, todos os dias, para quem ainda não conseguiu descobrir isso por conta própria."

"Não somos felizes quando todos gostam de nós e nos ajudam,
mas sim quando gostamos dos outros e os ajudamos."
– Anônimo

Reflexões sobre a essência da vida

"Criamos teorias fantásticas para nos convencer de que a vida é eterna. A vida seria uma dádiva da natureza, e nosso corpo, uma entidade construída à imagem e semelhança de Deus, exclusivamente para nos trazer felicidade."
— Dráuzio Varella, médico

"O homem foi feito para ser transcendental. Não vale a pena só viver. Você tem muito mais a fazer."
— Dom Estêvão Bittencourt

"As pessoas que não fazem nada por ninguém não são verdadeiramente felizes. Têm apenas a ilusão da felicidade, pois ainda não conquistaram sua humanidade."
— Moacyr Félix, poeta

"Algumas pessoas mudam a partir de fatos que ocorrem e que desencadeiam química e psicologicamente em seu físico alguma transformação. Mas outras pessoas não conseguem mudar nem com dinamite."
— Affonso Romano de Sant'Anna, poeta

"As pessoas que optam por enfrentar as tragédias de forma individual, nutrindo a dor de forma isolada, apresentam chance menor de lidar com o trauma de forma positiva e risco maior de desenvolver patologias psíquicas."
— Ignácio Cano, sociólogo

> *"A única forma de não ser egoísta é pensar e dar a si mesmo. O fato de ajudar por interesse próprio não desmerece a ação da solidariedade."*
> — MANOEL TOMAZ, PSICANALISTA

> *"A solidariedade é portadora de uma vibração de paz que estimula os neurônios cerebrais e resulta em saúde e bem-estar, alegria de viver e harmonia interior."*
> — DIVALDO FRANCO, MÉDIUM

> *"A felicidade tem origens muito profundas, ela começa no ventre materno. Depois de nascer, o aleitamento ajuda muito no desenvolvimento emocional, é um forte laço de amor entre mãe e filho. A família e a comunidade devem incentivar esse ato de amor."*
> — ZILDA ARNS, PEDIATRA E FUNDADORA DA PASTORAL DA CRIANÇA

Na tentativa de obter explicações sobre o comportamento de pessoas que superam adversidades e alcançam a felicidade em meio a dramas existenciais, buscamos a opinião de profissionais de diversos ramos que, no dia a dia, de alguma forma, lidam com os anseios do ser humano.

Depois de conhecerem a trajetória de cada personagem citado nesta obra, os analistas – como passaremos a chamá-los – fizeram uma avaliação das histórias apresentadas. Procuramos ouvir especialistas que atuam em áreas distintas e que, consequentemente, têm uma visão própria do mundo e das relações humanas. Pretendíamos detectar até que ponto o pensamento de um médico, um poeta e um religioso – entre outros ofícios – poderia convergir ou não diante de um mesmo tema.

Cada um fez observações pertinentes, a partir de seu código de crenças e das experiências vividas ao longo de anos de atividade. Naturalmente, alguns pontos de vista foram divergentes. Mas, curiosamente, todos chegaram à mesma conclusão: a solução para os problemas está dentro de cada um de nós, independentemente de nível social, grau de instrução ou religião. Acima da fé, estaria a capacidade inerente ao homem de fazer o bem e, com isso, fortalecer a si mesmo.

Eles defendem que, ao praticar a solidariedade, o indivíduo se sente com poder de transformação – não apenas dos outros, mas de si mesmo. Ele descobre que, daquele momento em diante, tem condições de assumir as rédeas do próprio destino. O homem se constrói a partir da ajuda oferecida a outro, num efeito bumerangue. O pensamento acompanha a seguinte lógica: "Se tenho para doar é porque disponho para mim mesmo." O psicanalista Manoel Tomaz, professor da Faculdade Candido Mendes, no Rio de Janeiro, destaca que a iniciativa de favorecer o próximo independe de classe social. Mesmo as pessoas pobres podem doar parte do que têm. E se fortalecem com essa atitude – como na história de Deusalina. Manoel explica:

"No subconsciente fica gravada uma mensagem de que elas têm algo a oferecer. Assim, elas se veem menos carentes e mais valiosas. Isso mexe com o ego para a autoafirmação de seu valor."

O teólogo Estêvão Bittencourt, da Cúria Metropolitana do Rio de Janeiro, ressalta que a bondade independe da religião:

"Os dons para a ajuda ao próximo podem até ser acentuados pela fé, mas já nascem com o homem."

O médium Divaldo Franco, um dos expoentes do espiritismo no Brasil, acrescenta que a condição religiosa amplia a capacidade de entendimento e sintoniza o indivíduo com as fontes da vida, mas não é essencial.

> "Cada pessoa tem uma capacidade inerente de altruísmo, pensando antes na felicidade do próximo do que na de si mesma."

Assim, o sofrimento vivido pelas personagens deste trabalho seria atenuado por iniciativas de voluntariado, que transformam a dor numa espécie de estopim para o cumprimento de uma missão. Foi o que aconteceu com Maria do Carmo ao encampar a causa da doação de órgãos a partir da morte da filha; ou com Vera Flores, ao aderir a uma instituição que busca desaparecidos, depois que a filha foi sequestrada. Os dramas vividos por ambas foram canalizados para projetos sociais que deram um novo sentido à vida de muitas pessoas – inclusive delas mesmas.

Mas até para ser solidário é necessário, antes de mais nada, desprezar sentimentos negativos (mágoa, raiva, sede de vingança) e cultivar a autoestima. Esse é o ponto de vista do psicanalista Manoel Tomaz. Ele defende que a abnegação só é possível quando a pessoa tem brio. Caso contrário, não conseguiria desprendimento suficiente para ser útil. Segundo a pediatra e sanitarista Zilda Arns, fundadora da Pastoral da Criança, o desenvolvimento da autoestima e do caráter tem relação direta com as sensações de afeto percebidas pela criança ao longo de todo o processo de crescimento, durante a gestação, no primeiro ano de vida e, principalmente, até os seis primeiros anos, quando se formam os valores culturais.

> "O aleitamento materno protege a saúde da criança e a prepara para a vida de maneira completa, com saúde física e emocional. É a primeira escola do amor e da solidariedade."

Parece ironia, mas, de acordo com o psicanalista, só consegue ajudar o próximo quem está em paz consigo mesmo, desarmado de qualquer rancor. Ele ilustra o raciocínio com um exemplo simples do cotidiano:

> "Numa vila em que moram várias mulheres, duas delas são solteiras, nunca conseguiram um homem. Uma terceira está viúva. Se ela arruma namorado, as vizinhas fofocam que ela não gostava do marido; se não arruma, dizem que ela é incapaz de atrair outro homem. Isso mostra a existência de recalques e frustrações. As pessoas insatisfeitas tendem a ver o mundo pela ótica da amargura."

Foi justamente para captar o contraponto do lado amargo da vida que decidimos buscar depoimentos de intelectuais especializados em traduzir em palavras a beleza da existência: os poetas. Para eles, a solidariedade é um gesto poético, à medida que aproxima as pessoas e desencadeia um sentimento de cumplicidade – antídoto da solidão. A fraternidade transmite amor; amor é beleza; e beleza é poesia. O poeta Affonso Romano de Sant'Anna vê sempre legitimidade nas atitudes solidárias.

> "No ato de ajuda, de solidariedade, há sempre uma cota de satisfação, de autogratificação, que nos deixa felizes."

Esse prazer, porém, não seria generalizado. Affonso acredita que existe uma predisposição genética – talvez a questão de endorfinas que levam o indivíduo a ter mais tendência para a tristeza ou para a alegria, para o egoísmo ou para a partilha de sentimentos e bens. Ele admite a influência do meio, mas vê na personalidade individual o grande detonador para as atitudes.

Esse seria o caso de Deusalina Queiroz, que desde a infância, apesar da pobreza extrema, demonstrava interesse em partilhar o pouco que tinha. No caso dela, o meio – formado por pessoas igualmente solidárias na comunidade – teria ampliado o potencial de altruísmo da jovem. Mas o dom para a fraternidade já seria nato. Da mesma forma, Aparecida Conceição tinha uma veia solidária tão acentuada que chegou ao extremo de optar pela convivência com doentes em detrimento da união familiar. Ela teria nascido com o gene da solidariedade.

Porém, Affonso destaca que uma vocação para o trabalho pelo bem-estar coletivo pode permanecer oculta durante anos e ser motivada por um evento imprevisível. As pessoas se "convertem", têm "revelações" ou descobrem, de repente, outro sentido para sua vida.

> "Há pessoas que não mudam nem com dinamite. Para despertar qualquer instinto de vida, é preciso que se tenha alguma vocação para a mudança. O elemento disparador dessa força é que varia. A biografia dos santos revela casos de pessoas que inverteram seus papéis no mundo e cindiram sua vida em duas a partir de certos fatos. Isso aconteceu com Santo Agostinho e com São Francisco. Aconteceu também com personagens revolucionárias e com artistas que, de repente, descobriram o sentido de sua vida."

Dayse é um exemplo de virada radical a partir de um imprevisto. Com a morte do filho, portador de HIV, deixou de lado o estilo puritano e moralista para se embrenhar num território até então proibido: o mundo da liberação sexual. Passou da rotina de dona de casa para a de ativista em defesa das vítimas de doenças sexualmente transmissíveis.

Da mesma forma, Maria do Carmo, mãe de Thaiz, morta por uma bala perdida, fundou uma organização não governamental de apoio às vítimas da violência urbana e suas famílias. Antes, jamais havia pensado em se engajar em qualquer atividade social.

As duas retratam a capacidade de superação diante das ciladas do destino. O poeta Moacyr Félix lembra que "afundar-se na dor ou partir para a luta é uma decisão pessoal, que depende de fatores psíquicos, das crenças e da personalidade de cada um". O poeta tem conhecimento de causa. Perdeu a filha, ainda jovem, num acidente doméstico. E, desde então, passou a lutar para não ser sufocado pela amargura. A literatura se tornou uma válvula de escape.

O sociólogo Ignácio Cano também reflete sobre o esforço de quem precisa superar as perdas para preservar a razão de viver:

"Quem vive um trauma extremo corre risco de perder a própria identidade. Mesmo quando você sofre, por exemplo, ameaças de morte para mudar sua conduta, é preciso ceder ao inimigo apenas o estritamente necessário para sobreviver. Mas tentando sempre manter sua integridade interior, sem nunca se entregar a seu algoz. É dessa forma que podemos imaginar, por exemplo, a sobrevivência, não apenas física, mas também psíquica, num campo de concentração."

Uma das preocupações dos estudiosos que lidam com os dilemas humanos é entender com objetividade a angústia de cada um. Dom Estêvão crê que o indivíduo em crise existencial precisa se autoeducar para reformar valores e, com isso, adquirir desenvoltura para enfrentar os momentos difíceis. Só então poderá ser solidário.

"Só podemos ajudar os outros se antes ajudarmos a nós mesmos. Ninguém pode dar o que não tem."

O frei Anselmo Fracasso ilustra essa premissa: ao conquistar o equilíbrio emocional a partir da autoafirmação, ele se tornou preparado para ouvir e aconselhar milhares de fiéis. Tal desenvoltura só foi possível depois de o frei ter interpretado a cegueira como credencial para o desenvolvimento de suas potencialidades. A falta de visão, longe de ser uma trava, foi uma escada que ele subiu, degrau por degrau, em direção ao que ele mesmo chamou de "luz". Ao valorizar a si mesmo, tornou-se espelho para aqueles que o procuram em busca de conforto e orientação. Nem todos, porém, têm êxito na busca da superação dos dramas intrínsecos à própria estrutura emocional. Alguns optam pelo isolamento.

Foi o que aconteceu com algumas mães de Acari, que se mantiveram à margem da busca pela verdade sobre o desaparecimento dos filhos, em contraponto à iniciativa de outras mães que partiram para a luta. Segundo Ignácio Cano, a postura isolacionista nunca acaba bem. Aumenta a probabilidade de patologias psíquicas e bloqueia as relações interpessoais. Um caminho curto para a depressão.

Já os que escolhem o caminho da integração e da solidariedade estimulam a autoestima a partir do reconhecimento de terceiros. Típico comportamento da mãe de Acari, Vera Flores, ao denunciar abertamente o caso, fazer palestras em vários países e militar numa ONG que busca desaparecidos, angariou aplausos e estímulos para continuar na batalha. Com isso, em vez de se deprimir num canto da casa, pôde fortalecer-se para seguir adiante. Como diz Ignácio Cano,

> "ajudar outras vítimas ou tentar evitar que outros passem pela tragédia que você experimentou transforma a dor numa energia positiva e lhe confere sentido à própria tragédia".

A tentativa de transformar a dor num símbolo positivo, criando uma rede de mobilização em prol da paz e do respeito pelo ser humano, é o que pontua a vida do sobrevivente do Holocausto Aleksander Laks e da deficiente física Virgínia Carneiro, ao defenderem ideias com veemência em palestras, ou ainda da militante do CVV Solange dos Santos, disponibilizando-se por telefone a ouvir quem precisa de auxílio.

Mas até que ponto alguém abalado por traumas que não cicatrizam é capaz de mudar a si mesmo de forma tão contundente que reflita tal transformação na vida dos outros? O que dizer, então, das pessoas que não conseguem ser felizes? Estariam condenadas à tristeza eterna?

"Ninguém está predestinado ao sofrimento", afirma o médium Divaldo Franco.

Ele considera o sofrimento um acidente de percurso no processo evolutivo. E cita duas justificativas, uma científica e outra religiosa, para a dor do homem:

"Do ponto de vista psicológico, o indivíduo é portador de distúrbios de comportamento, é depressivo, vive sob conflitos perturbadores e necessita de terapia competente. À luz da doutrina de Allan Kardec, é um espírito comprometido com a retaguarda, em razão de equívocos cometidos contra soberanas leis da vida, e que deve reabilitar-se pelo bem, crescendo rumo à plenitude. Todos, porém, desde que se empenhem com denodo, podem estabelecer novas diretrizes de conduta, conseguindo assim a autorrealização."

Para Divaldo, a felicidade resulta de,

"uma consciência tranquila, decorrente de uma conduta reta e de um coração pacificado, o que não significa ausência de problemas, desafios e lutas".

"É justamente aí que reside o grande diferencial entre as pessoas mais ou menos aptas a se defrontar com os reveses da vida. A capacidade de sobrelevar os conflitos de toda monta é mérito individual, seja por formação cultural ou transcendental, por fatores de origem mística ou até mesmo religiosa."

Dom Estêvão Bittencourt pensa que, se tal formação inexiste, o indivíduo tende a encontrar um culpado para os males que o acometem. Em geral, imputa a Deus a responsabilidade por todas as desventuras.

"Quando não estamos educados para entender o papel de Deus em nossa vida, nós O maldizemos ao enfrentar uma situação ruim e questionamos por que Ele permitiu que aquilo acontecesse. Essa postura é reflexo de nossa má-formação."

Valéria Lewis levou um bom tempo até compreender que não contraiu o vírus HIV por obra de Deus. Ela – que no começo havia esbravejado contra a fé católica por causa da Aids – acabou admitindo mais tarde que havia sido inconsequente nas relações com parceiros sem preocupação com prevenção. Se, para alguns analistas, a felicidade é fruto de empenho na construção da autoestima e da melhoria do bem-estar do próximo, para o poeta Moacyr Félix a felicidade é pura utopia para quem tem consciência.

"A felicidade é produto da ignorância. Ninguém pode realizar a si mesmo se não se realizar nos outros."

Por um lado, o pensamento de Félix endossa o comportamento das personagens deste livro. De fato, todas se realizam por meio da abnegação, encontrando na satisfação alheia seu maior ponto de equilíbrio. Mas, por outro, o poeta polemiza o conceito de felicidade, ao afirmar que ela só seria viável em um mundo justo e igualitário. Daí ele mesmo admitir que se trata de uma "utopia". Nesse sentido, ele diverge do ponto de vista das personagens, que, a despeito dos obstáculos, se autodefinem como "felizes".

Félix gosta de lembrar uma frase do filósofo alemão Martin Buber, uma espécie de lema na vida do poeta: "Eu só serei eu na medida em que tu fores tu."

> "Somos e seremos sempre seres fragmentados. Cada pessoa está inserida dentro da humanidade. E basta um homem sofrer para que todos sejam impedidos de atingir a plenitude de sua felicidade."

Já a pediatra Zilda Arns considera que, diante da pobreza, não se pode ficar de braços cruzados. A verdadeira felicidade está na fé, no amor e na ação humanitária.

> "Nas minhas visitas pastorais, já vi uma família de oito crianças, com a mãe grávida do nono filho, tendo apenas farinha para comer. Ao chegar em casa, encontrei meus filhos, sem que lhes faltasse nada, e me questionei se aquilo era justo. Depois de muito refletir, entendi que o que precisamos é ter uma vida simples, fazer algo para ajudar as pessoas mais necessitadas e, assim, promover a inclusão social."

Como ateu, Moacyr Félix não credita à religião as atitudes de bondade e justiça. Para ele, esses valores são genuinamente humanos e, mais do que isso, necessários para proporcionar uma sensação de bem-estar.

Zilda Arns sustenta que a solidariedade é inata ao ser humano e que a fé reforça a vocação para o bem.

"Faço o que posso e peço a Deus o resto."

Affonso Romano remete à ciência para abordar o tema:

"Experiências de laboratório já confirmaram que pessoas que fazem o bem desencadeiam reações químicas no próprio organismo que lhes dão sensação de paz e de tranquilidade. Esse enfoque é defendido também pela psicanálise. A fraternidade pode ser um bom antídoto para o desespero que, muitas vezes, chega ao limite da interrupção da vida. Mas os suicidas, na verdade, não querem morrer; eles querem eliminar os problemas acordando para uma nova vida, que e possa ressurgir em outra realidade."

O filósofo William James já dizia: "Não devemos ter medo da vida. A crença de que vale a pena viver transformará esse pensamento em realidade." Há pessoas que chegam a ponto de se anular completamente, desperdiçando o privilégio de viver. O suicídio se apresenta, *a priori*, como solução contra a depressão oriunda de crises existenciais, com perda do amor-próprio. Mas, quando a pessoa decide apostar na vida, suas perspectivas ganham vigor e são repaginadas sob novos prismas.

Uma tese que encontra respaldo na atitude de Valéria Lewis, que adiou o suicídio três vezes ao saber que era soropositiva. Anos mais tarde, ela reconheceria que, na verdade, nunca desejou a morte. Ansiava, apenas, pelo fim da angústia provocada pelo medo da doença. O suicídio, por sinal, é tema controverso entre diversas correntes de pensamento. Para os espíritas, como lembra Divaldo Franco, matar a si mesmo é "inaceitável".

"Na raiz da depressão, está sempre um espírito endividado, que necessita lutar em favor de seus compromissos e da sociedade. O suicídio é refúgio no qual homiziam os revoltados, ociosos, que merecem assistência psíquica e espiritual, a fim de permanecer na luta até o momento da vitória."

O médico Dráuzio Varella, que lida há mais de trinta anos com pacientes terminais, nutre um ponto de vista científico sobre esse assunto. O ser humano tenderia – na maioria das vezes – a preservar a vida a qualquer custo. Ele ressalta que, dos milhares de doentes que atendeu, só dois desistiram da luta e se mataram. Todos os outros, apesar das consequências dramáticas do câncer (doença na qual Dráuzio se especializou), tentaram até o fim se apegar ao fiapo de vida ainda restante.

"O desejo de viver é um instinto tão arraigado que os seres só se entregam à morte depois de exaurido o último resquício de suas forças."

Já com relação ao poder da religião no comportamento humano, Romano diverge do colega Félix. Ele vê na religião um catalisador tanto de atitudes positivas quanto de negativas. Na melhor das hipóteses, a fé pode catalisar nas pessoas suas energias positivas e fazer com que saltem obstáculos que não ultrapassariam de outra forma.

O doutor Alexis Carrel (ganhador do Nobel de Medicina em 1912) disse que a prece é a mais poderosa forma de energia que podemos gerar. Só o fato de pedirmos algo a Deus faz com que nossas deficiências humanas sejam atenuadas e que nos sintamos fortalecidos e refeitos, capazes de desenvolver nossas virtudes. Ele chegou a essa conclusão depois de acompanhar uma paciente ao santuário de Lourdes, na França, e testemunhar a cura milagrosa de um câncer. A partir de então, deixou de ser ateu e de se dedicar ao materialismo. E passou a defender a importância da religiosidade.

Foi a fé religiosa que deu a frei Anselmo Fracasso o equilíbrio necessário para amadurecer a virtude do perdão. Ele só conseguiu perdoar, à luz do cristianismo, o assassino de seu pai, porque encontrou na crença católica um meio poderoso de afastar sentimentos destrutivos, como a raiva e a sede de vingança. O equilíbrio e a harmonia das pessoas diante das adversidades nem sempre têm uma base religiosa. Dráuzio Varella conta como se surpreendeu, várias vezes, com a reação de pacientes que, ao serem informados que tinham uma doença incurável – o câncer –, encontraram uma paz interior até então inexistente. E sem relação necessariamente com fé espiritual.

"Soa estranho ouvi-los confessar que encontraram paz depois da doença. Ficaram mais relaxados, harmoniosos, admiradores da natureza, amistosos, agradecidos pelos pequenos prazeres da vida. Um paciente me disse que trocou as noites em boates pelas plantas, livros, jornais e cafés da manhã com sua mãe."

Essa mudança de enfoque no olhar dirigido ao mundo se reflete, também, nas famílias dos doentes. Diante das situações adversas, há pessoas que tomam consciência dos prazeres que estão à sua disposição e são impelidas a desfrutá-los. É o caso de Dayse Agra, que depois da morte do filho Jefferson, passou a usufruir mais dos deleites da vida.

Dráuzio lança uma questão crucial nessa abordagem: por que não aproveitar tudo que a vida tem de bom antes que um drama se interponha no caminho?

"Minhas observações sobre os pacientes transformaram minha vida pessoal. Será que com esforço consigo aprender a pensar e agir como eles enquanto tenho saúde?"

Diante de tudo isso, fica a seguinte pergunta: "O que vale a pena na vida?"

> "Amor e liberdade, a consciência vivida das várias faces do amor e o impulso para a liberdade."
> – MOACYR FÉLIX

> "Viver sem amargura. Como dizia o escritor Álvaro Moreira: 'Em vão quiseram amargurar minha vida. Não adianta. Tenho diabetes na alma.'"
> – AFFONSO ROMANO DE SANT'ANNA

> "Amar e fazer o bem. O amor transforma as pessoas. É a linguagem mais persuasiva. Semear o bem para colher o bem. Você colhe sempre o que planta."
> – DOM ESTÊVÃO BITTENCOURT

> "Amar e servir. Aquele que não vive para servir ainda não aprendeu a viver. Devemos amar a Deus acima de todas as coisas e ao próximo como a nós mesmos. Devemos ser úteis e afáveis, gentis e cumpridores de nossos compromissos."
> – DIVALDO FRANCO

> "Amar, isso é que vale a pena na vida. A vida é o amor. Sentimento muito profundo que nos leva a agradecer a dádiva da vida todos os dias e a agradecer pela natureza, pelos pássaros, pelo alimento, pela água e, principalmente, pelas pessoas."
> – ZILDA ARNS

Conclusão

"Carolina, nos seus olhos fundos guarda tanta dor, a dor de todo esse mundo
Eu já lhe expliquei, que não vai dar, seu pranto não vai nada ajudar
Eu já convidei para dançar, é hora, já sei, de aproveitar

Lá fora, amor, uma rosa nasceu, todo mundo sambou, uma estrela caiu.
Eu bem que mostrei sorrindo, pela janela, ah que lindo.
Mas Carolina não viu...

Carolina, nos seus olhos tristes, guarda tanto amor, o amor que já não existe,
Eu bem que avisei, vai acabar, de tudo lhe dei para aceitar
Mil versos cantei pra lhe agradar, agora não sei como explicar

Lá fora, amor, uma rosa morreu, uma festa acabou, nosso barco partiu
Eu bem que mostrei a ela, o tempo passou na janela e só Carolina não viu.

Os versos da canção "Carolina", de Chico Buarque, sintetizam o oposto de tudo que mostramos neste livro. A personagem, amargurada e apática, de olhos fundos e tristes, não conseguia ver a beleza da vida que passava vibrante diante dela. Incapaz de enxergar a poesia da existência, ela é a antítese de nossos personagens. Exatamente por isso nós a escolhemos para encerrar este livro. O objetivo é levar a uma reflexão do papel que cada um pode exercer na própria caminhada. O que é melhor? Ser Carolina ou Deusa? Carolina ou Vera? Carolina ou Aleksander? Mergulhada na dor e inapta para se encantar com um singelo brilho de estrela e o desabrochar de uma flor, Carolina se entrega à indiferença e desperdiça a oportunidade de ser um agente da própria história. Ela é advertida: "Um dia vai acabar." Mas nem isso a demove da inércia existencial. Imagine um mundo só de Carolinas. E agora pense num mundo repleto de Eulinas, Aparecidas, Solanges. Qual deles você gostaria de habitar?

Enquanto Carolina não aceita um convite para dança, Virgínia força ao máximo as pernas frágeis para ficar de pé nas palestras. Enquanto Carolina, de olhos tristes, se nega a ver a estrela cadente, Anselmo, de olhos cegos, em seu mundo de escuridão, irradia luz com mensagens de fé e esperança. Enquanto Carolina guarda a dor – tanta dor – deste mundo, Solange espanta o próprio sofrimento oferecendo os ouvidos para todo tipo de desabafo.

É essa reflexão – sobre dois comportamentos tão díspares – que propomos nesta obra. Se, ao término da leitura, você se sentir estimulado a pensar criticamente sobre os fatos e as atitudes das personagens, um de nossos objetivos terá sido alcançado. Acreditamos que é a partir da análise de cada experiência que temos a chance de nos transformar. E toda mudança pressupõe melhora. Como dizia o poeta Neimar de Barros, existem duas maneiras de se chegar ao fim de uma leitura: mais sábio ou apenas mais velho. Ou seja, se as mensagens contidas em um texto surtirem algum efeito no comportamento do leitor e o fizerem reavaliar posturas e decisões, ele terá certamente ampliado sua sabedoria. E poderá de maneira mais bem-estruturada optar pelo melhor caminho. Todos nós temos a prerrogativa do livre-arbítrio e nossas decisões refletem o direito intransferível à liberdade de escolha.

"Nada é mais eloquente do que a ação."
– WILLIAM SHAKESPEARE